日本FX專家的7天外匯交易課

初學者也能年獲利20～30%

鹿子木健／著
陳識中／譯

聲明：
本書的內容皆為作者本人之見解，部分內容屬於日本的情形，關於投資風險、外匯交易的解讀與最終判斷請投資人自行負責。若因本書記載之內容投資而發生虧損時，作者及出版商概不負責。

前言

本書是為想靠外匯賺錢又不想冒險，只想用一點點錢慢慢增加資產的人寫的書。外匯交易（FX），是外匯保證金交易的俗稱。藉由買賣各國貨幣、互相兌換來賺取匯差的投資方法。

相信很多人都很想嘗試看看，卻又沒有自信能賺錢。不過，請各位不需要擔心。

本書接下來將告訴各位的，是「只需要在線圖上尋找會賺錢的價格變化，然後進場買賣」。非常簡單的全新方法。

但相對地，這個方法一次暴賺的機率並不高。一次賺大錢的方法，請等到能夠慢慢累積獲利後再來嘗試。那才是最穩健的途徑。

看到這裡，有的人可能會覺得「既然只能賺一點點，那就沒有特地投資的意義了」。

不過，如果我告訴各位這種方法不僅風險很低，而且每天只需要撥出一點點時間呢？這個方法只需要一天一次，每次數十分鐘的時間而已。即使只有賺一點點錢，只要每天存500塊，不知不覺就能累積到數十萬，甚至數百萬之多。

本書提供的方法雖然很難創造巨大的獲利，卻不需要整天繃緊神經，可以放心地輕鬆賺。

自認為「不擅長看數字，腦筋也不靈活，不適合投資」的人，也能放心地用這個方法賺錢。

所謂「觀察線圖的形狀，決定要不要買賣」，意即這是個先檢查線圖是否為能獲利的線形後才進場買賣，也能賺到錢的方法。

換言之，這個方法不需要預測未來的趨勢，只需在「發現」「啊、出現會獲利的線形了！」後，用「猜拳後出的原理」進場買賣即可。所以說，即使對數字不敏感、沒有敏銳的眼光也能辦到。

只需從日常生活撥出少少數十分鐘，進行輕鬆簡單的買賣，長時間下來便能日積月累出巨大的財富。所以，不惜進行危險的賭博也想一獲千金的人，並不適合本書介紹的投資方法。

一般人常以為外匯投資只有對數字敏感、有賭徒氣質的人才玩得起。但事實並非如此。首先請記住這一點。

即便是毫無投資理財知識的人，也能輕易學會靠外匯投資獲利的原理，運用簡單易懂的法則累積財富。即使是初學者，也能具備不輸給數十年經歷的高手的「獲利能力」。

另一方面，即使是已有投資經驗的老手，讀過本書後，相信也會產生豁然開朗的感覺，回到能使你百戰百勝的原點。

看到這裡，有些讀者大概會覺得筆者還真是個大言不慚的傢伙。如果你也是這麼想的話，更應該親自嘗試看看。

＊＊＊＊＊＊＊＊＊＊＊

我每天早上從五點開始進行交易，最長也絕對不會超過30分鐘。花上30分鐘反倒是很稀少的情況，大部分時候只花5～10分鐘就完成了。至於白天則幾乎不關注市場。

早晨的交易是我每天的習慣。當然，如果沒有發現好的進出場機會，有時候我也會完全不買賣。

「只在早上交易」會不會賺不到錢呢？有些人或許會這麼懷疑。那是因為他們對外匯投資的印象，就是每天坐在電腦前緊盯著螢幕的當日沖銷式交易。

然而，縮限投入的時間，獲利反而會增加。

我曾在2014年8月成立的外匯投資網路學校「FX MISSION ZERO」公開過一份交易紀錄，成果讓眾多專家都跌破眼鏡。

這絕對不是因為我用了深奧的市場分析，或是運用了特殊的看盤方法進行交易。我只是依照可說是上天賜予的「10種成功模式」進行買賣而已。

不知各位有沒有聽過用來判斷一個技能或資訊是否有用的三項基準呢？那就是「簡單性」、「重現性」以及「普遍性」。

複雜的說明可使人暈頭轉向、別人模仿不來的職人神技可以贏得讚賞、特殊的事例可以吸引大眾的目光。

然而，那些都只能使少數一部分的人受惠。理所當然地，一項技術和資訊必須要「能被運用」才有其價值。如果不能被大多數人運用，就無法成為被子孫代代流傳下去的知識。

一般而言，只要具備「簡單性」、「重現性」、「普遍性」這三種要素，就能稱為一種「模式」。而我把這種「模式」的概念運用到外匯交易中，創造了「10種成功模式」的投資方法。

這10種成功模式，囊括了後文會介紹的技術分析和基本分析等，所有獲利所需的要素。

根據我自己八年來的驗證，以及包含投資歷二十年以上之資深交易員在內的第三者投資團隊兩年來的檢證，和網路學校「FX MISSION ZERO」會員們的投資成果，都能證明這個方法的有效性。

要用外匯投資獲利唯一需要的，就是「成功模式」。

但不知該說遺憾還是幸運，與我一同參與外匯市場上的其他競爭者們都還不知道這點。

本書將從這10種「成功模式」中，選出初學者們最容易入手、風險最低、也最容易獲取少許利益的一種，具體而詳細地為讀者們介紹。請各位不要覺得筆者只介紹一種太過吝嗇。只要學會這一種，各位一輩子都可能在生涯或市場上百戰百勝。

我所提倡的成功模式有下列五項特徵。

1 不以一攫千金為目標，而是透過嚴格的風險管理，用比銀行定存更安全的交易方式，獲得比普通不動產投資更高的收益期望。

2 除了可全年獲得穩定的收益，在數年一次的金融危機或市場翻盤時，還可能一口氣大幅增加資產。

3 只需觀察顯示市場價格推移的圖表線形，不需要專門知識也能透過買賣獲利。

4 不用預測未來的價格走勢，也能輕鬆地用「猜拳後出」的方式買賣獲利。

5 有六成左右的獲利機率，其餘四成的虧損，則盡量將虧損額控制在獲利之下。

本書的目的有二。

第一，幫助讀者了解如何不用投機的方式，而是用穩健的投資方法操作外匯。

第二，幫助讀者親身體驗何謂能馬上獲利的「成功模式」。

相信本書除了能讓各位學會外匯投資外，更有助於在各個領域都獲得成功。

本書乃是教導各位如何用一星期精通外匯的教程。

請用7天的時間認真學習，然後從第8天開始踏出你的外匯投資第一步吧。

株式會社Kanakogi Ken董事長

特定非營利活動法人教育政策實驗室主持人　鹿子木健

目錄

第3天 學習交易的步驟

第4天 平均勝率60%的神奇模式？ 199

第5天 降低風險的法門

第6天 有效管理、運用資金的方法

業界關係圖（從個人、公司的角度）

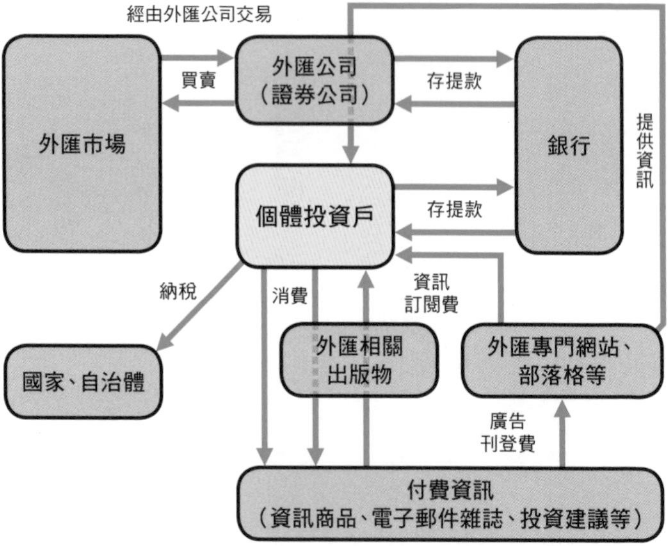

我們這種個體投資戶通常是透過外匯公司在外匯市場交易，而外匯公司又跟其他很多組織有著錯綜複雜的關係。

市場上的交易，會涉及各種不同立場的個人或企業。所以需要先對市場的整體結構有所掌握。

業界關係圖（從買家和賣家的角度觀察外匯市場之變化）

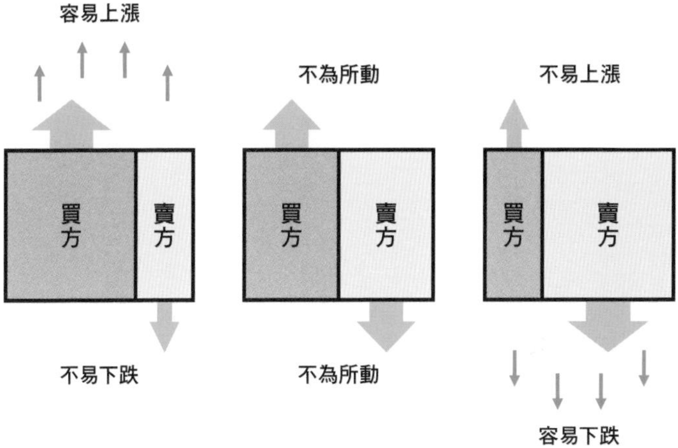

想買的人較多時，買單會迅速湧入，所以價格不易下跌而容易上揚。相反地當想賣的人較多時，賣單會迅速湧入，故價格不易上升而容易下跌。買方和賣方一樣多時，買單和賣單會互相僵持，使價格不易起伏。

投資外匯的最低門檻，就是準備好在外匯公司開設的「外匯帳戶」，以及在一般銀行開設的「銀行帳戶」。

外匯帳戶乃是進行外匯交易（外匯保證金交易）所需的帳戶。在操作時我們需要將賺得的資金轉入銀行帳戶，或反過來從銀行帳戶將投資金匯入交易賬戶。

外匯交易員的主要戰場，乃是「外匯市場」。市場是由各種複雜的元素組合而成的，但價格變動的原理其實非常單純。想買的人比較多時價格上升，想賣的人比較多時價格下跌。

參與外匯市場的交易者，並非全都是個體投資戶。還存在其他各式各樣的買家和賣家。

其中因貿易需要而買賣外幣的商社和進出口商，以及銀行等組織，一般稱為「實需方」。

除此之外的買賣者則歸類為「投機方」。除了投資銀行和避險基金等明顯是為投機目的而參加的群體外，像是年金基金和保險公司等，只要是以賺取利差為目的，全都算是「投機者」。

雖然有點粗暴，但各位可以想成「除了進出口衍生之會計活動外，所有的交易都是投機」。

另外，雖然筆者自己並不完全認同，但一般來說，無論短線操作或長期投資，所有的外匯保證金交易都被歸類為投機性投資。

所謂的外匯操作，就是賣出未來下跌可能性高的貨幣，並買入未來上漲可能性高

業界關係圖（從資金流動的角度）

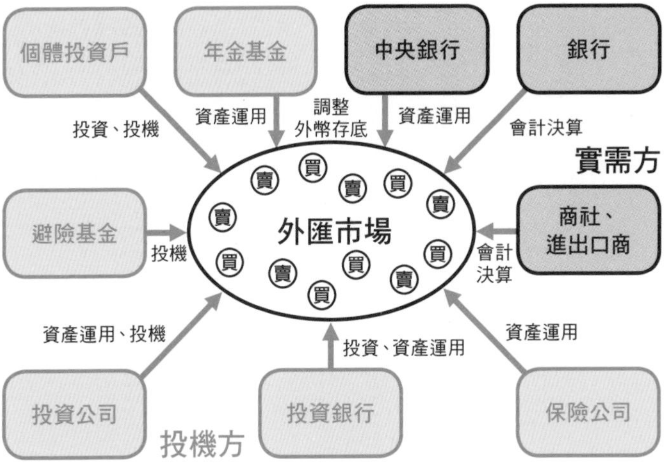

的貨幣。由於是以賺取匯差為目的，所以並不是胡亂買賣就可以。

因此學習如何判斷買賣時機，以及避免損失、增加獲利的知識和原理，也就顯得更加重要。

【用語解說】

※1 部位

持有的貨幣（買賣的貨幣對）。「建立部位」指的是決定於哪個時間買進或賣出多少，開始進場操作的意思。部位的量則稱為「部位大小」。

※2 單次1%

購買外幣存款時，首先必須把本國貨幣兌換成外幣。這個過程收取的手續費就叫「單次手續費」。而等到期滿或是解約時，必須把外幣再換回本國貨幣。此時會再產生第二次的手續費。所以會有來回兩次手續費，有時光是手續費就可能導致數%的虧損。

※3 點差

所謂的點差，就是買價和賣價的價差。通常買價會被設定比賣價更高。外匯公司賺的就是這中間的價差。儘管每間公司設定的點差都不一樣，但一般價格波動愈大時，點差也會愈大。一旦點差變大，就必須用較高的價格買進，用較低的價格賣出，對投資人十分不利。

※4 「停損單」

停損單為限價單的一種。舉例而言，以１１０日圓的價格購買美元／日圓，而停損單設定在１０９日圓，即使之後美元價格暴跌至１００或90日圓，也能將損失控制在１日圓內。

此外，停損單還可以自己控制最大容許損失額度，可以用損失額最大不超過保證金（自有資金）的１%，或５０００日圓以內等條件進行交易。

※5 雷曼事件

2008年9月15日，美國投資銀行雷曼兄弟宣布破產，引發全世界大規模且嚴重的連鎖性金融危機。要注意在發生雷曼級的大崩盤時，點差※3會變得很大。

※6 100%信託保全

外匯帳戶的資金擁有100%的安全保障。一般活存帳戶的存款保險額度上限只有1000萬日圓（本書作者執筆期間。台灣為新臺幣300萬元），相較之下擁有全額保險的外匯帳戶比一般活存帳戶更加安全。

※7 勝率51%、53%、55%

勝率50%或風險報酬率1：1的投資，最後一定會破產。資產沒有增加，跟資產減少是同樣的意義。即使賺錢的機率和賠錢的機率完全相等，獲利額與虧損額也完全一樣，也會因為手續費和點差，使得本金愈來愈少。

※8 投資外匯時保證金本身不會折損

但有一種例外，就是長期持有利率差為負的貨幣對時，由於需要補貼利息，所以本金會因此減少。

※9 前項貨幣（基準貨幣）與後項貨幣（標價貨幣）

例如買進歐元／美元的意思，就是賣出美元買進歐元。標價貨幣為美元，而基準貨幣為歐元。相反地賣出歐元／美元的意思，則是買進標價貨幣的美元，賣出基準貨幣的歐元。

※10 交叉日圓、交叉貨幣對

交叉日圓，意指歐元／日圓、英鎊／日圓、澳幣／日圓、瑞士法郎／日圓等，以日圓為媒介的貨幣對（此為日本説法，中文無此説法）。貨幣對不包含美元在內的稱為「交叉貨幣對」，例如歐元／英鎊、歐元／日圓。而與「交叉貨幣對」相對的是「主要貨幣對」，即以美元為媒介的貨幣對，例如歐元／美元、美元／日圓、英鎊／美元。

另外所謂的「直接匯率」指的是以外國貨幣為基準表示的匯率，通常基準貨幣為美元。其他不包含美元的交叉貨幣對，例如澳幣／日圓，則是分別算出該國貨幣對美元的匯率，用〈澳幣／美元〉×〈美元／日圓〉的匯率（交叉相乘）來計算價格，故稱交叉匯率。

※11 資訊不對稱

意指資訊並非公平公開，或是任何人皆可自由獲得所需資訊的狀態。當某些特定資訊的公平性和平等性沒有受到保障時，擁有該資訊的人將比其他人更有利。當不可獲缺的資訊或有助投資的資訊沒有公平地向所有人公開時，少數特定的人們將可運用那些資訊獲取利益，而除此之外的人將喪失獲利的機會。

※12 止損

又稱「認賠退場、停損」。意指刻意在虧損的狀態時退場。也就是趁損失較小時認賠止血，避免之後造成更大的虧損。

※13 止盈

又稱「獲利了結」。當買進的貨幣對價格上升，或是賣出的貨幣對價格下跌時，雖然乍看之下已經獲利，但只要沒有平倉就不算真的賺到錢。尚未了結的獲利稱為「未實現利益」，還只是畫在紙上的餅。唯有平倉了結後，這筆錢才會真的進入投資人的口袋裡。

※14 ETF

指數型證券投資信託基金。Exchange Trade Funds的縮寫。是一種在證券交易所上市，價格與投資標的連動的基金。除了股價指數外，也有原物料或期貨的ETF。

※15 未實現損失

還未結算的虧損。價格在買進後下跌，或是在賣出後上揚時便會產生虧損，但只要尚未結算損失就仍未確定，故稱為未實現損失。相反地，尚未結算的獲利則叫未實現利益。

※16 避險基金

與公募型投資信託相對的，就是私募型的避險基金。避險基金的出資者主要為機構投資人或富人。此類基金通常以投機的方式追求較高的利益。

※17 21移動平均線

（21 SMA：21 Simple Moving Average）

21這個數字並不是最常使用的數字，除此之外也有人用20或25等數值。這個數值愈小，就愈能當作了解短期動態的指標；數值愈大，則愈能看出長期的變化。5、75、200等也是常常被使用的數字。

※18 落入趨勢陷阱（ダマシを食らう）

乍看好像要進入上升趨勢，實際上卻突然轉跌；或是乍看以為是下降趨勢，結果實際卻上漲，這種情況就叫陷阱（ダマシ）。此乃投資人的一廂情願或期待心理遭到現實否定，並非實際上真的有陷阱。

※19 盤整（Correction）

意指某趨勢持續一段時間後，因反作用力使市場朝反方向出現一定幅度的反彈或來回震盪。

※20 市價單

指市價交易。也就是以下單當時的匯率交易，持有部位的意思。225頁亦有相關說明。

※21 限價單

限價交易的意思。投資者可以事先設定價格下跌某個數值時自動買進，或是上升至某價格時自動賣出的交易單。也可稱為「預約下單」。225頁亦有相關說明。

※22 推薦貨幣對

看盤時推薦觀察以下20種貨幣對。美元／日圓、歐元／日圓、英鎊／日圓、瑞士法郎／日圓、澳幣／日圓、加幣／日圓、紐幣／日圓、歐元／美元、英鎊／美元、美元／瑞士法郎、澳幣／美元、美元／加幣、紐幣／美元、歐元／英鎊、歐元／瑞士法郎、歐元／澳幣、歐元／加幣、英鎊／澳幣、英鎊／加幣、澳幣／紐幣。

※23 逢低買進和逢高賣出

「逢低買進」意指在上升趨勢時趁價格暫時回檔時買進，而「逢高賣出」則是在下跌趨勢中趁價格暫時彈回時賣出。因此說逢低買進代表市場為牛市，而說逢高賣出意味著熊市。

※24 主要貨幣

主要貨幣和次要貨幣並沒有嚴格的區分規則。有的人只將美元、歐元、英鎊、瑞士法郎、日圓視為主要貨幣，認為除此之外皆為次要貨幣；但也有人認為澳幣、加幣和紐幣也算主要貨幣。次要貨幣多指新興國家或發展中國家的貨幣。

※25 建倉

持有部位的意思。

※26 報稅

由於稅法會不定時修正，故必須經常關注最新的稅務資訊。

登場人物

真由子（40幾歲，家庭主婦）

因最小的孩子也成家立業了，正想出去找兼職時，對在家也能操作的外匯投資萌生了興趣。

阿健（40幾歲，株式會社Kanakogi Ken董事長／特定非營利活動法人教育政策實驗室主持人）

少數除了自己靠外匯交易賺錢，還懂得開發投資手法和指導他人的投資家。發明了只使用布林通道的「10種成功模式」，幫助眾多初學者到老手踏上成功之路。

誠司（30幾歲，上班族）

對自己的飯碗和退休金憂心忡忡，故下定決心學習如何投資。

泰造（60幾歲，公司經營者）

在地方上小有名氣的建設公司老闆。將事業交給兒子後，希望用投資維持生活。

第1天

Day 1

學會就不難。賺錢的基本原理

第一步是了解投資獲利最重要的原理。外匯投資報酬率高的原因是？

外匯是投資還是賭博？

大家好！非常歡迎各位的光臨。不用客氣都進來吧。

泰造 謝謝老師百忙之中特地為我們撥空。

誠司 我也一直很期待今天的課程呢。

真由子 我想認真學好外匯投資。還請老師多

多指教！

泰造先生，您今天來我這裡學外匯的事情，有先跟夫人說過嗎？

泰造 不，我是瞞著內人來的。要是被她知道我在投資外匯的話……。

沒錯。在日本，人們常把外匯跟賭馬、柏青哥相提並論，跟賭博聯想在一起。不過，其實外匯是一種安全性最高的投資。

外匯交易（ＦＸ）的正式名稱是「外匯保證金交易」。是一種藉著買賣外幣來獲利，堅實穩當的投資方法。

真由子 老師您剛剛說「在日本」，意思是在外國不是這樣嗎？

問得很好。

單刀直入地說，只有日本才有這麼多人把外匯當成賭博。在其他大部分的國家，都把外匯當成優秀的資產運用手段。

例如我曾聽過一種說法。在歐美銀行的交易室中，做外匯的交易員地位是最高的。但在日本卻不一樣。

我有個新加坡的投資朋友曾告訴我，在他們那邊，外匯交易是每個人必學的投資常識。他們甚至會教導自己的孩子有關外匯的知識。

真由子 哎，真的嗎？

在我以前待過十二年的中國，雖然沒有到新加坡那種程度，但只要是收入有一定水準的人，都會把外匯投資當成「嗜好」。中國的有錢人都很精通儲蓄之道，如果外匯真的跟賭博一樣，他們就不會去碰了。不過，中國人好像本來就有點喜歡投機的民族性就是了（笑）。

日本人對外匯的知識非常欠缺，才會把外匯投資視為一種賭博。這是因為日本人完全沒有進行金錢教育、投資教育、金融素養教育。

一般家庭的金融資產組成

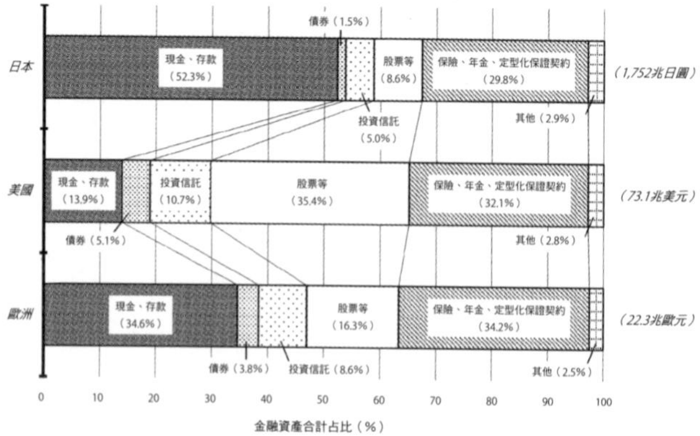

*「其他」項為金融資產合計扣除「現金、存款」、「債券」、「投資信託」、「股票等」、「保險、年金、定型化保證契約」後之餘額。

出自日本銀行調查統計局「日美歐之資金循環比較」2016年9月29日（2016年10月7日更正）。

從右頁的資料也能看到，現金和銀行存款在日本人的資產中占了很高的比例。投資人口相當少，對投資冷感和感到不安的人也很多。

唯一可以確定的是，對外匯欠缺正確的知識，讓日本人損失了很多機會。

希望透過今天一天的課程，各位可以深刻地了解到外匯交易是多麼優質的投資。

賺錢的原理

Question 加加減減賺多少？

接下來我想跟大家玩個遊戲。

請問下列四種玩法中，你會選擇哪一種呢？

A 免參加費。擲六次骰子，如果擲出1～4，每次可以得到100元；但如果擲出5或6，則須支付100元。

B 免參加費。擲六次骰子，如果擲出奇數則可得到200元；若擲出偶數則須支付100元。

C 支付參加費200元，可擲六次骰子。若擲出1～4則可得100元，擲出5或6則什麼都拿不到。

D 支付參加費800元，可擲六次骰子。無論擲出哪個數字，都能得到100元。

誠司，如果是你會選哪一種？

誠司　嗯……我覺得寫在紙上會比較好判斷。

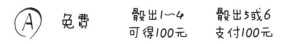

	參加費	可得金額	支付金額
A	免費	骰出1～4 可得100元	骰出5或6 支付100元
B	免費	骰出1、3、5 可得200元	骰出2、4、6 支付100元
C	200元	骰出1～4 可得100元	無
D	800元	骰出1～6 可得100元	無

不愧是誠司。

只要像這樣進行簡單的加減，就能馬上看出參加這個遊戲的損益情況。

誠司

在A規則中，擲六次骰子，平均四次可得到100元，故總計是400元收入。平均兩次要支付100元，故總計為200元支出。兩者加總可得200元。

在B規則中，若擲六次骰子，平均三次可得到200元，總計為600元收入。平均三次須支付100元，故合計為300元支出。兩者加總可得300元。

然後C規則下，因為要無條件支付200元參加費，故合計有200元支出。擲六次骰子，平均有四次可得到100元，故總計為400元收入。兩者加總可得200元。

至於D規則下，因為無條件支付800元參加費，合計有800元支出。擲六次骰子，無論擲出什麼都能得到100元，故總計有600元收入。兩者加總須賠200元。

A 正200元

B 正300元　《參加**B**最好！》

C 正200元

D 負200元

真由子　誠司，你真厲害！

謝謝你，誠司。

不過，真的有這麼簡單嗎？擲六次骰子，如果1～6每種數字剛好各出現一次，那麼的確如誠司所說。可是，如果數字是隨機出現，結果又會怎麼樣呢？

誠司　您說得沒錯。擲六次骰子，要剛好出現1～6所有數字，可能性近乎奇蹟。可

是平均來說，1～6出現的機率不是一樣的嗎？

是「平均」的概念對吧！沒錯，這就是關鍵。以平均來說，擲六次骰子的確是奇數三次、偶數三次。

這個平均的概念非常重要，請大家一定要記在心上。這個概念與之後會提到的「期望值」密切相關。

本節只要先記住擲骰子時，平均而言每個數字各有6分之1的出現機率就夠了。

誠司的計算用更淺顯易懂的方式整理，就像左頁的圖表。

從結論來說，參加B規則的遊戲可以得到300元收入，故「參加B遊戲可賺最多錢」才是正確答案！

	參加費	可得金額	支付金額	總計
A	免費 −0元	骰出1〜4 可得100元 +400元	骰出5或6 支付100元 −200元	+200元
B	免費 −0元	骰出1·3·5 可得200元 +600元	骰出2·4·6 支付100元 −300元	+300元
C	200元 −200元	骰出1〜4 可得100元 +400元	無 −0元	+200元
D	800元 −800元	骰出1〜6 可得100元 +600元	無 −0元	−200元

那麼，接著讓我們用下面的圖來分解這個遊戲。

此圖稱為損益表（P／L）。

關於損益表（P／L）我們會在後面的課程再詳細介紹，現在大家只需抓住大略的概念就行了。

參加遊戲的損益表（P／L）①

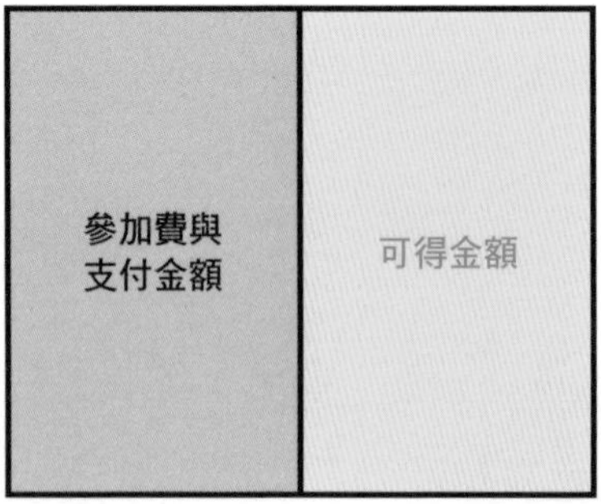

收入與支出相同的話，則不虧不賺。

參加遊戲的損益表（P／L）②

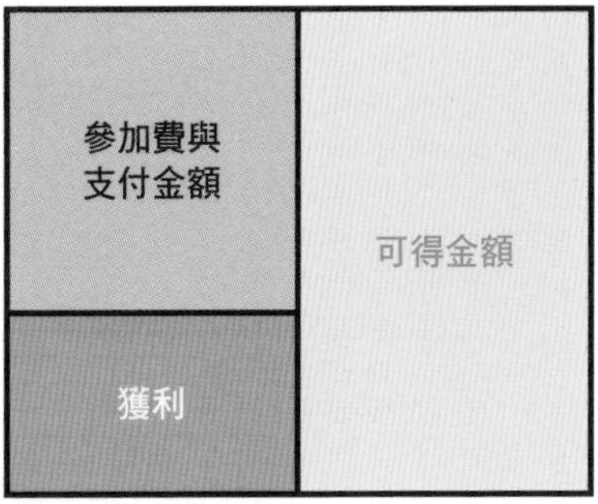

想在這個遊戲中獲勝，必須得到比參加費和支付金額更多的金額。可得金額減去參加費和支付金額即是獲利，也就是獲勝的報酬。

參加遊戲的損益表（P／L）③

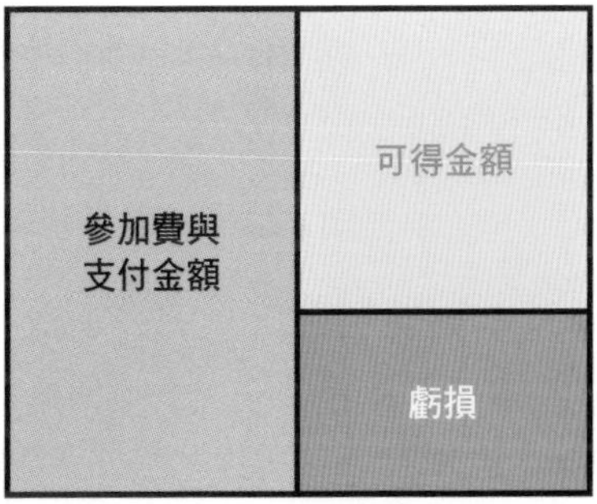

若參加費和支付金額高過可得金額，結果當然就是虧損賠錢。參加費和支付金額減去可得金額即是虧損的總額。在這種遊戲中愈是參加遊戲損失便愈膨脹，是一種「負面循環」。

那麼真由子小姐，請問妳認為只要參加B遊戲的話，就「一定」能賺錢嗎？

真由子 應該沒辦法100%總是賺錢吧？畢竟也跟運氣有關……。

沒有錯。擲六次骰子，有可能連續幾次都出現相同的數字，也可能六次都出現奇數。

以B的規則來說，出現奇數可以得到200元，出現偶數則須支付100元。雖然單純以機率來想，出現奇數的機率是50%，但實際丟六次骰子不一定總會出現三次奇數。

請回想一下剛剛提到的「平均」概念。平均終究只是平均。

如果六次都出現奇數，就能得到1200元；而若六次都是偶數，就會倒賠600元。

這裡的問題在於，樣本數據的分母太小了。

真由子 阿健老師，您的意思是擲骰子的次數太少的話，就不容易反應出正確的機

率嗎？

就是這樣。

即使真的擲六次，也不見得會剛好出現三次奇數。然而如果丟六十次，奇數和偶數的比率就會更接近五五開；而若丟六百次，又會比六十次更接近50％；擲到六千次後，應該就會非常接近正確的機率了。

樣本數的總量愈高，運氣作用的空間就愈小，更接近理論上的機率。

這就是所謂的「大數法則」。

到底是賺是賠？淺談「期望值」

在剛剛提到A、B、C三種規則中，只要骰子的數字按照理論的機率出現，參加者就能賺到錢。

雖然當擲骰子的次數較少時，受運氣影響的空間就愈大；但只要增加玩的次數，就能實現A和C平均每回賺200元，B平均每回賺300元。

這個數值就稱為「期望值」。正的期望值愈高的話，就代表能賺到愈多錢。

Ａ和Ｃ的期望值為２００元，Ｂ的期望值為３００元，而Ｄ的期望值是負２００元。期望值為負數，意味著每進行一次遊戲，就會虧損得愈多。

當期望值為負數時，可以說等於是以賠錢為目的而參加遊戲。

在Ａ、Ｂ、Ｃ三個規則中，玩愈多次就能賺得愈多；而Ｄ規則則是相反，玩愈多次反倒會賠掉愈多錢。

在開始前就知道期望值為負的遊戲，是絕對不能參加的。期望值為正值，乃是判斷一項投資是否可行的最基本條件。

阿健小叮嚀MEMO 1

○期望值為負的遊戲
絕對不可以參加

壓低風險抓住獲利！
論「風險報酬率」

順帶一提，諸如彩券、賭馬和小鋼珠等賭博遊戲，全都屬於D類型的遊戲。因為在這種遊戲中，莊家是先抽取一定比例的賭金確保收益後，才會把剩下的賭金分給參加者。

彩券、賭馬、小鋼珠，相信各位都明白這幾種遊戲是非常可怕的吸錢坑。這就是賭博的本質。好賭的人幾乎都會落得傾家蕩產，也就是這個原因。

在參加期望值為負的遊戲的那一刻，就已經注定成為輸家。

而要了解一項遊戲的期望值，就必須先掌握

「勝率」和「損益比」這兩項資訊。在A遊戲中，骰出1到4就算贏，骰出5或6就算輸，故勝率為6分之4，也就是66.7%。

至於損益比，則是獲利時的可得金額，與虧損時的損失金額之比率。以A遊戲而言，因為贏是100元，輸也是100元，故損益比為1：1。

損失和獲利的比率又叫「風險報酬率」。

那麼問題來了。真由子小姐，請問勝率60%，損益比為1比2的情況下，期望值是多少呢？這題只要用簡單的乘法跟減法便能算出來囉。

真由子　｛0.6（勝率）×2（獲利）｝－｛0.4（敗率）×1（損失）｝＝0.8，是這樣算對吧？

所以說，期望值是0.8！

正確答案！那麼我再考妳一題。

若勝率一樣是60%，損益比為2比1的話，期望值又是多少呢？這題的虧損會大於獲利喔。

真由子　〔0・6（勝率）×1（獲利）〕－〔0・4（敗率）×2（損失）〕＝（負）0・2對吧。

因為期望值是負數，所以就算勝率有60％，結果還是會賠錢。

在交易中獲利的三個要素

真由子小姐，關於「大數法則」、「期望值」、「風險報酬率（損益比）」這三種要素如何決定遊戲的勝負，妳都了解了嗎？

真由子　是，我都理解了。不明白這三個要素就貿然買賣外匯的話，因為沒有依照「賺錢的原理」去做，所以就跟賭博沒有兩樣。

沒錯。我之所以要在一開始先教導大家「大數法則」、「期望值」、「風險報酬率（損益比）」這三件事，就是因為它們是外匯獲利不可或缺，且十分重要的觀念。

外匯投資者的九成都是「失敗者」。無論學習多少知識，擁有多高超的技術，大部分的人還是無法獲利，不得不黯然退場。

其實，這其中的原因非常簡單。

正是因為他們沒有掌握「大數法則」、「期望值」和「風險報酬率（損益比）」。

沒有理解這些觀念就去學習各種知識和技術，就好像連九九乘法都不會，就去死背艱澀的數學公式。那樣一來，是學不會任何東西的。

阿健小叮嚀MEMO 2

○投資外匯獲利最重要的觀念：

「大數法則」

「期望值」

「風險報酬率（損益比）」

做好最初的準備工作後，接著就讓我們來一探外匯的世界吧。

什麼是槓桿？——是敵是友？

「槓桿愈高愈好」的迷思

誠司，說到「槓桿」，你第一個會想到什麼呢？

誠司 我聽過「槓桿原理」這個詞。也就是用小資本賺大錢……我有個朋友說槓桿正是外匯投資的奧妙所在。例如就算手頭只有10萬元，也能一次做100萬元的交易對不對？

我想誠司的答案可以代表絕大多數日本人的理解，但這個認知其實是很危險的。槓桿絕對不是外匯的奧妙所在，請各位今天好好記住這句話。

會在外匯投資賠錢的，無一例外，全部都是不知道或是誤會了槓桿的正確用法的人。

只要準備一點點的本金就能進行數倍，甚至數十倍金額的交易，這點或許的確很有魅力。

雖然槓桿提高到10倍以上，獲利也會跟著變成10倍；但由於損失也會變成10倍，因鉅額虧損而導致破產的例子也所在多有。

話說回來，你們是不是以為槓桿就像投資外匯的「押金」呢？

誠司 **難道可以不用嗎？**

那當然。雖說外匯保證金交易有槓桿機制，但並沒有規定一定要使用。

明明「不用槓桿也可以交易」，大部分的外匯投資者卻以為槓桿是外匯交易的必要前提。

結果因為使用太高的槓桿比率而產生

鉅額虧損，得出「外匯投資果然很危險」的結論。雖然這麼說可能有點失禮，但產生鉅額虧損的責任，其實全在那些胡亂使用槓桿的投資人身上，而不是外匯保證金機制的問題。

日本的外匯公司在開設個人帳戶時，大多會自動將槓桿比率設定在最高25倍（法人帳戶則是50倍左右的變動制，外國公司則是數百倍）。

然而槓桿比率最大25倍，並不代表你一定要承受25倍的風險。因為交易系統不會強制規定使用者一定要用25倍的槓桿交易。

實際上，用1倍、2倍的低倍率槓桿交易也是可以的。至於要怎麼做，我們會在後面的課程說明。

阿健小叮嚀MEMO 3

○交易可以不用槓桿！

一如前頁所述，在外匯公司開設個人帳戶時，最高可用25倍的槓桿進行交易。

例如存入100萬元的保證金，便會自動得到2500萬元的可用資金。所謂的保證金，是在開設帳戶時必須存入的資金，也就是擔保金的意思。有的外匯公司允許用戶自由決定金額，從數千元起跳也可以；但保證金太少的話，槓桿就會變得太高，所以最少請準備10萬日圓左右。

真由子 不好意思，我想問個基本的問題。請問要怎麼設定，才能不用槓桿進行交易呢？

這是個很重要的提問。

所謂「不用槓桿」的意思，就是將實際槓桿比率控制在1倍以下。各位操作時可在下單畫面上看到「保證金維持率」或是「保證金使用率」等欄位。只要將下單金額控制在保證金維持率2500%以上，或是保證金使用率4%以下就OK了。

真由子 老師，那個數字我有點不太明白。保證金維持率2500%和保證金使用率4%，究竟是什麼意思呢？

說的也是。不好意思突然丟出這種艱澀的名詞。那麼，我們先來介紹一下什麼是保證金維持率和保證金使用率。

首先是保證金維持率。

保證金維持率，是用來顯示尚未投入市場、用來維持部位的保證金還剩下多少的數值。這個數字愈大，代表使用的槓桿愈低，愈不容易被砍倉。

這個數字最小為100%，數值愈接近100%，代表保證金愈吃緊、使用的槓桿愈高。

保證金維持率100%，就等於槓桿設定在25倍。換言之，就是直接用開戶時系統自動設定的槓桿倍率。500%代表5倍槓桿，1000%等於2.5倍，2500%則是1倍。

《槓桿的計算公式①》

槓桿倍率＝2500÷保證金維持率

然後是保證金使用率。

保證金使用率100%，跟保證金維持率一樣代表25倍槓桿。50%則是25倍槓桿的一半12.5倍，20%則是5倍槓桿，4%是1倍。

所謂的保證金使用率，意思就是保證金中有多少比例正用於投資。所以說，數字愈大表示槓桿愈高，數字愈小表示槓桿愈低。

完全沒有投資的狀態（未持有部位※1），保證金使用率就是0%。

而以1倍槓桿交易的意思，就是從帳戶內被自動設定在25倍槓桿的保證金中，只拿出25分之1來用。假設匯入了100萬元的保證金，然後用25分之1的4萬元建立部位，則當前的槓桿就是1倍。

25分之1＝4%，沒錯吧。

※1 **部位** 即買賣的貨幣對。詳細請參照p.22。

《槓桿的計算公式②》

槓桿倍率＝保證金使用率÷4

第一次接觸外匯的新手，請絕對不要在不了解槓桿的情況下就輕易進場交易。

初學者最容易犯的錯誤，就是在不自覺下用5倍或10倍的高槓桿比率去操作。

如果因為看到「戶頭餘額還能繼續下單，所以保證金應該夠用吧」就拚命掛單的話，槓桿一下子就會膨脹到25倍……很可能會發生這種情況。※註1

所以在操作外匯時，一定要隨時掌握自己有多少保證金、建立多少部位，也就是自己究竟用多少錢在買賣。

※註1 此處作者其實說的是兩種不同的槓桿概念。一般外匯保證金交易所說之槓桿，指的是交易商提供給客戶的槓桿比率。

而作者本節所論的槓桿則是戶頭內全部保證金（總資產）和持有部位之總金額（投資額）的比率，也就是「財務槓桿」的概念。因此本文用「1倍槓桿交易」的意思，是從100萬額度的帳戶中，拿出4萬元保證金，以25倍的槓桿倍率向交易商借用價值100萬元的外幣去買賣，將財務槓桿控制在1倍（用100萬元本金做100萬元的投資）。

把槓桿當成「借款」

那麼，問題來了。請問你們覺得槓桿的本質究竟是什麼呢？

泰造 槓桿的概念跟貸款很像呢。

不愧是經營過公司的泰造先生。正是如此。槓桿的本質，就是沒有利息的「貸款」。

所謂的2倍槓桿，就是在擁有100萬元本金的情況下，再向銀行借100萬元，進行總額200萬元的投資。而槓桿為10倍，就是貸款900萬元，進行總額1000萬元的投資。

不過向銀行貸款會產生利息，槓桿交

槓桿就是借款①

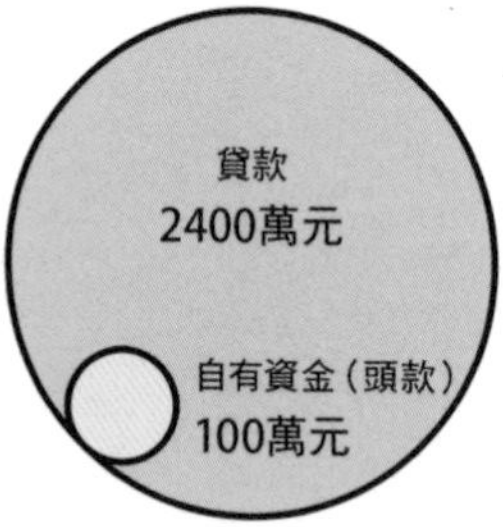

※帳戶之槓桿倍率自動設定在25倍的時候

25倍槓桿的意思，就是當自有資金為1時，貸款24的意思。雖然可以進行自有資金25倍的投資，但那並非自己的錢。

易卻沒有利息。

然而，借來的款項還是要償還。

用借來的錢投資，一旦發生虧損的時候，就必須用自己的財產彌補清償。此時財務槓桿愈高，自己的本金就愈危險。這就是槓桿的真面目。

槓桿就是借款②

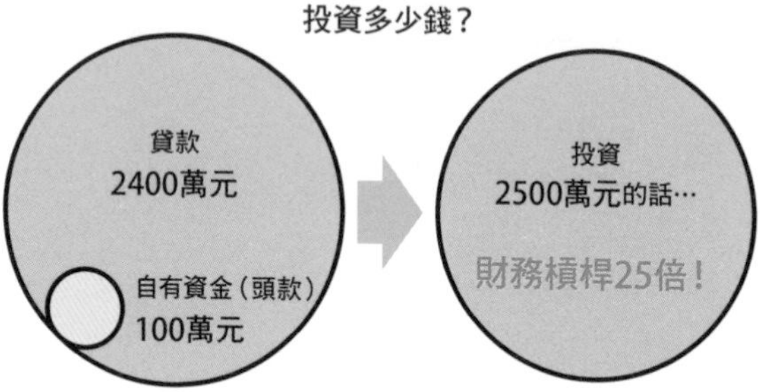

※帳戶之交易槓桿自動設定在25倍的時候

財務槓桿25倍，風險也會變成25倍。

槓桿就是借款③

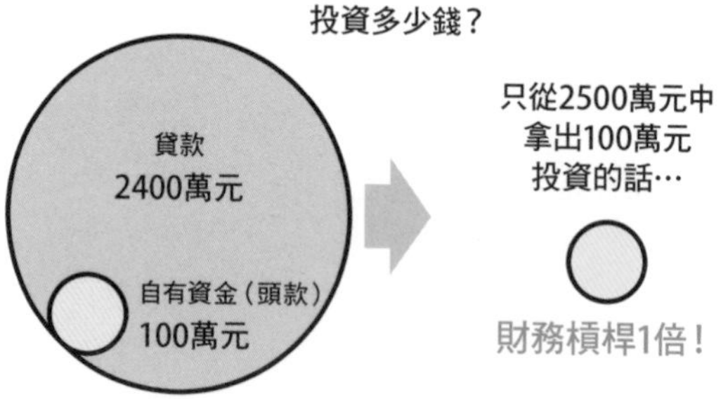

※帳戶之交易槓桿自動設定在25倍的時候

投資額度控制在自有資金的範圍內，財務槓桿只有1倍。

槓桿就是借款④

投資多少錢？

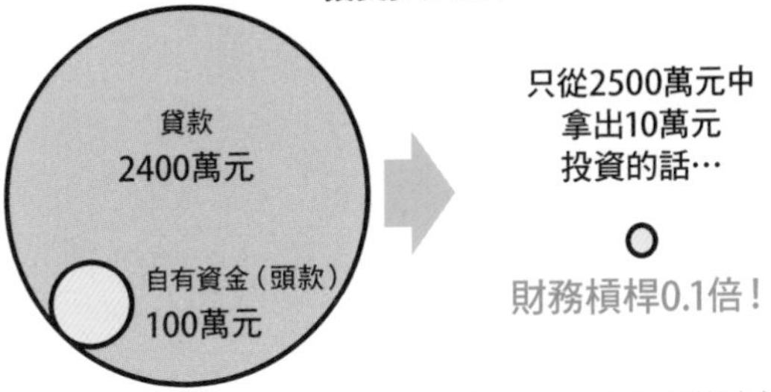

※帳戶之交易槓桿自動設定在25倍的時候

只用自有資金10分之1的金額投資，財務槓桿就只有0.1倍。

好的負債與壞的負債

所以，槓桿是不好的嗎？其實，槓桿本身對投資者而言是非常有用的工具。

對泰造先生來說，借貸是件壞事嗎？

泰造　怎麼可能。如果不能借貸的話，我的公司早就倒閉了。

沒有錯。借錢這件事，有絕對不能借的錢，也有借了也無妨的錢。

如果把所有借貸都當成壞事，那麼房屋貸款和事業性融資也都變成壞事了。

實際上，房屋貸款和事業性融資，都是非常方便好用的金融制度。沒有理由不去運用它們。

那麼，什麼又是絕對不能借的錢呢？例如償還不起的高額貸款，或是借錢來投資報酬期望值為負的事業。

投資報酬期望值為負的事業，舉例來說，就像是為了購買不動產來出租賺錢而用３％的利息去貸款，結果租金收入的實際報酬率卻只有２％等情況。在這個例子中，等於每年都會產生１％的損失。這就跟33頁提到的期望值為負的骰子遊戲Ｄ一樣。

相反地，調用現金以維持公司經營，或是為了改善現金流而借款，則屬於借了也無妨的錢。

一旦現金用完的話，不論公司的財務再怎麼健全，也可能因此而倒閉。即便是每年獲利都在不斷增加的公司，萬一被銀行抽銀根的話，也會面臨突然倒閉的危機。

而就算是虧損的企業，只要資金週轉順利的話，仍有可能持續成長。

◆阿健小叮嚀MEMO 4◆

○槓桿的本質就是借款

○借款有好的借款也有壞的借款

別把槓桿當「賭注」，而要當朋友

外匯投資的成功祕訣，就是跟槓桿友好相處。當然，我們也可以只用自有的資金投資，但靈活的運用槓桿，可以使資金的流動更穩定，也更安全而有效率。

由於跟銀行貸款會產生利息，所以不適合隨意貸款來投資；但投資外匯就沒有這個問題。

泰造先生，如果在普通戶頭內存有1000萬日圓，那麼就算貸款1000萬日圓，實際上也等於沒有負債對吧？

泰造　沒錯。我的公司也常為了資金週轉而經常維持10億日圓以上的貸款，但活存帳戶和定存帳戶加起來仍保有10億日圓以上的現金，所以財務狀況很健康。

而且，跟沒有任何貸款的公司相比，因為我們手上經常保有現金，所以無論做什麼在金流上都更加有利。

外匯保證金跟外幣定存是天差地遠

是的，這跟外匯投資的成功邏輯完全一樣！話說泰造先生，您知道外幣定存跟外匯保證金最大的差別是什麼嗎？

每當日幣下跌時，就會有很多人兌換外幣，這也可以算是投資外幣的定存吧。

泰造　外幣定存沒有現金，但外匯保證金交易有現金，是這樣嗎？

是的。

為免大家忘記，我再重新說明一次外匯保證金交易的初始流程。首先要在外匯保證金帳戶中存入自己準備的本金，也就是「保證金」後，就能進行該保證金數倍、甚至數十倍金額的交易。

如果是25倍槓桿的交易帳戶，等於當我們在帳戶內匯入100萬元的自有資金後，便會自動以100萬元的自有資金為擔保，貸入2400萬元的資金。換言之，我們將獲得2500萬元可自由運用的資金。

不過，有個可以保護用保證金借貸來的龐大現金，不將其用於交易、安全地利用這筆資金的方法。那就是將用槓桿獲得的現金全部留在手上。

不使用以槓桿借來的資金，代表在發生意外時，我們的手頭還有一筆沒有利息、也不需要償還的週轉金。

這麼一來，即使手上的部位遇到暴跌等意外情況，也能將損失控制在最小。這點我們會在後文進一步說明。

另一方面，外幣定存基本上是在銀行依當日的匯率用本國貨幣兌換外幣，將之存在銀行內直到期滿為止。也有人看上外幣比普通活存更高的利息，把這當成一種理財方式。

不過，要注意外幣定存在到期前是不能自由提出的。假設存了100萬的外幣定

使用100萬日圓買進1萬美元時，外幣定存與外匯保證金交易的運用比較

外幣定存	FX（外匯保證金交易）
1萬美元	1萬美元
・必須存入100萬日圓 ・至期滿為止不可領出、使用該100萬日圓	・存入100萬日圓後，可以只取出25分之1的4萬日圓來持有1萬美元 ・剩下的96萬日圓可投資其他貨幣

※1美元對100日圓，保證金槓桿25倍的情況

同樣用100萬日圓投資外幣，外幣定存和外匯保證金的資金自由度卻有很大的差別。

存，等於在到期前不能使用這100萬，也就是沒有現金可用的狀態。而且如果該貨幣在這期間暴跌的話，期滿後本金反而會大打折扣。

讓我們假設把所有的資產都拿來投資。如果選擇外幣定存為投資手段，就是把自己的全部資金拿來購買外幣，變成外幣定存。這麼做的話手頭將不會留下任何現金，比起可利用槓桿的外匯保證金非常不利。

例如若我們購買的外幣匯率突然暴跌一半的價格，資產也將只剩下一半。就算想趁大跌的時候加碼買進，手頭也沒有現金可以運用。

然而外匯保證金一如前述，由於資金充裕，即使遇到暴跌也能當成轉機，趁機加碼買入。

一般人都相信外幣定存比外匯保證金來得安全，但從這個角度思考，外幣定存跟外匯保證金相比其實是很危險的投資。

外匯保證金交易比外幣定存賺錢又安全的理由還不只如此。

更在以下5點上更具優勢。

1 外幣定存在必須賭上自己全部資金的意義上，槓桿永遠維持在1倍；但外匯保證金更可以只使用自有資金的10分之1，使槓桿控制在0．1倍。而且也可以選擇不交易。換言之，外幣定存在錢進入戶頭時就已把100萬全部用於投資，但外匯保證金可以只使用一部分的保證金來投資。

⇓外幣定存和外匯保證金交易在相同條件下用相同金額投資時，即使出現損失，如果將財務槓桿控制在0．1倍的話，損失額將只有外幣定存的10分之1。 ※註2

2 外幣定存在到期前無法提出，提早領回的話只能適用中途解約的利率，幾乎領不到利息[※註3]。但外匯保證金交易的進出場全隨自己高興，可以自由決定退場的時機。

⇓外匯保證金交易不需要等待期滿，可以在價格好的時候自由賣出。

3 外幣定存的手續費通常較高，兌換匯率也不理想。但外匯保證金交易幾乎沒有手續費，匯率也對顧客有利。

⇓以美元／日圓為例，巨型銀行外幣定存的兌換手續費在本書執筆當時為單次1%[※2]。尤其土耳其幣和南非幣等特殊貨幣的手續費更高，有時即便賺到5%的匯差還是賠錢。而外匯保證金交易因「點差[※3]」產生的匯兌手續費，則只有一般兌換外幣的100分之1到幾十分之1。

※註2 本段所指的「相同金額投資」是指準備「本金」相同，而非實際購買金額相同。例如將財務槓桿控制在0.1倍的意思，即是在帳戶總額100萬元的情況下，僅下單買進10萬元價值的保證金合約，相當於僅購買10萬元之外幣定存，故獲利與損失都只有100萬外幣定存的10分之1。

※註3 提前解約之利率隨銀行而異，以台灣而言通常為牌告利率之八折×實際存款期間，有的銀行會酌收違約金，也有的銀行限制投資型外幣定存不得提前解約。

※2 單次1% 本國貨幣兌換外幣時收取的手續費。詳細請參照p.22。

4 外幣定存的損益會直接受到巨幅的匯率波動影響，造成嚴重的損失。但外匯保證金交易可藉由「停損單」※4的下單機制，在享受匯率波動的恩惠之同時，將損失控制在最低。

⇓藉由「停損單」的設定，即使受到雷曼事件※5規模的大暴跌，也能守住保證金。

5 外幣定存不在存款保險制度的保障範圍內，一旦金融機關破產的話，將什麼都拿不回來。但外匯保證金屬於１００％信託保全※6，就算金融機關破產，也能不限額度地全額領回。

⇓雖然很少人知道，但外匯保證金帳戶其實是日本最安全的資產避風港。

※**3 點差**　買價和賣價的價格差。這個差額就是外匯公司的獲利來源。詳細請參照p.22。

※**4 停損單**　防止損失擴大用的約定下單。詳細請參照p.22。

※**5 雷曼事件**　２００８年發生的全世界大規模之金融危機。詳細請參照p.23。

※**6 １００％信託保全**　萬一公司倒閉時也能全額領回帳戶內資金的制度。詳細請參照p.23。

阿健小叮嚀MEMO 5

○外匯保證金帳戶比外幣定存更安全

驚！比銀行定存更安全

因為本書的重點不是外幣定存，故關於外幣定存的比較就到此打住吧。

外匯保證金交易，以現狀來說，是一種能比其他任何投資方式風險更低的投資。

而且不僅是外幣定存，也比銀行定存來得安全。

真由子　咦?!竟然比銀行定存更安全?!

沒錯。

不過，是在有條件的情況下。一如稍後會說明的，只要投資勝率經常保持在55％以上，外匯投資就比銀行定存更安全。

然後，還需要一定程度的操作。並非什麼都不做把錢丟在帳戶裡，就能比銀行定存更安全。

首先交易的時候，無論什麼樣的行情都一定要設置控制虧損的「停損單」。只要將單次交易的最大容許損失控制在1％（自有資金100萬的話就是1萬），那麼賠掉全部投資額的機率幾乎是零。保險一點把最大容許損失再調低一半，降至0．5％的話，風險還能壓得更低。

話說回來，各位認為投資最大的失敗是什麼呢？

誠司 嗯……像是鉅額虧損嗎？對了，應該是賠光本金吧。

泰造 也就是失去所有用來投資的錢對吧。

是的。有的人認為賠掉本金比較嚴重，也有人覺得負債比血本無歸更慘，但這裡我認為前者才是最大的失敗。

進行投資的時候，所有行動務必要以避免賠光本金為最優先考量。

還記得我們在第34頁提到的骰子遊戲嗎？之所以說「絕對不能參加期望值為負的遊戲」，正是基於這個原則。

無論是計算方法多麼複雜的投資法，全都是一樣的道理。請千萬不要忘記這個原則。

也就是說，有一定機率失去全部本金的投資絕對不能碰。

期望值為負，代表賠光本金的可能無限接近１００％；若期望值為正，則賠光本金的可能性比較小。

下面我為各位試算了一下外匯投資賠光本金的機率。這是由數學家瑙澤・鮑爾邵拉（Nauzer Balsara）提出的公式。

此公式是用下列三種要素算出的。

1 勝率

2 風險報酬率（損益比）

★正確來說是用回報率（payoff ratio），可用獲利÷損失求出。不過這對初學者較難，故可用風險報酬率替換。

3 全部保證金可承受之單次交易容許止損額的比率（%）

由於公式本身很複雜，所以本文不會直接介紹。各位不需要理解這個公式。有興趣的讀者可以自行在網路上搜尋關鍵字。

那麼，讓我們直接來看看賠光的機率吧。

這裡我們分別用勝率51%、53%、55%為例※7（詳細請參照p.23）。

忘記什麼是勝率跟風險報酬率（損益比）的話，可翻回45頁複習一下。

賠光全部投資金的機率（勝率51%的情況）

保證金（日圓）	100萬	100萬	100萬	100萬
勝率（%）	51	51	51	51
容許損失（%）	10	5	2	1
期望利益（%）	10	5	2	1
賠光全部投資金的機率（%）	67.00	49.00	13.50	1.80

交易100次失敗49次的情況。容許損失1%，代表每次失敗都會失去100萬中的1萬。

賠光全部投資金的機率（勝率53%的情況）

保證金（日圓）	100萬	100萬	100萬	100萬
勝率（%）	53	53	53	53
容許損失（%）	10	5	2	1
期望利益（%）	10	5	2	1
賠光全部投資金的機率（%）	30.1	9.0	0.25	0.0006

交易100次失敗47次的情況。只要每次損失控制在1%（100萬的話就是1萬），賠光全部投資金的機率就幾乎等於零。

賠光全部投資金的機率（勝率55%的情況）

保證金（日圓）	100萬	100萬	100萬	100萬
勝率（%）	55	55	55	55
容許損失（%）	10	5	2	1
期望利益（%）	10	5	2	1
賠光全部投資金的機率（%）	13.4	1.8	0.004	0※

※正確來說是0.0000002%

交易100次失敗45次的情況。即使損失達2%（100萬中的2萬），賠光本金的機率也接近於零。如果能控制在1%以內，就比會因日圓貶值而折損自己資產的銀行定存更安全。

真由子 老師請等一下。但您說勝率55%以上，有那麼容易嗎？如果做得到的話，大家就不會這麼煩惱了……。

真由子小姐說得沒錯。不過，請不用擔心。只要使用後面會介紹的「成功模式」，勝率55%以上絕對不是夢想。

我自己過去運用「成功模式」的經驗，平均勝率約有74%（本書執筆時期）。即使換成初學者，要達到平均60%也絕對不難。

同時，雖然0.5%的最大容許損失值已經很安全了，但我們還可以再減低一半到0・25%。雖然獲利也會減少，但這樣就能實現銅牆鐵壁般的安全性。

我自己在學會外匯投資的法門後，扣除半年~一年生活費，剩下的錢已不再放在銀行。因為比起外匯戶頭，存到最後只能看政府或銀行的臉色，自己完全沒有掌控權的銀行存款，風險感覺還高得多。

請各位看看75頁的圖表。

以300萬的自有資金（保證金），一年內交易100次，最大容許損失額設在0・25%，並運用「停損單※4」將風險報酬率（損益比）控制在1（損失）比2（獲利）的情況，每年的報酬期望值為48萬7500日圓。

※4 **停損單** 防止損失擴大用的約定下單。詳細請參照p.22。

比銀行定存更安全且年利率達16%

保證金	300萬日圓
交易次數	100次／年
容許損失	0.25%（7,500日圓）
勝率	55%
損益比	1：2
年均利益	487,500日圓
利率	16.25%

相對於投資額的獲利率高達16．25%。平均而言遠比不動產投資優秀。如果是投資東京的新建案，實質利率據說才只有4%左右而已。

而且，不動產的價值會逐年折舊，外匯保證金卻沒有折舊的問題※8（詳細請參照p.23）。

此外投資信託也是坊間常見的投資對象。以投資信託來說，雖然有的高風險的外國債券利率可超過20%，但普遍能有7～8%就算很不錯了。要投資投資信託時必須注意的是，有時候配發的利率雖然很高，卻存在本金的基準價格下跌的風險。

例如購買土耳其或俄羅斯等高利率的債

券基金，無論利息再高，要是基準價格暴跌的風險也高的話就沒有意義。

即便有10%的配息，萬一基準價格下跌10%，實際上等於只拿回了本金而已。

外匯投資操作得宜的話可以比銀行定存更安全，這件事還可以從其他角度得到證實。關於這部分，本書後文會進一步詳細說明。

真由子 外匯投資可以穩定地增加資產，這點我已經理解了。但我還有個單純的疑問想請教老師，如果只是為了「安全」，雖然不會增加但也不會減少的銀行定存，不是同樣安全嗎？

這是個很好的問題。不會增加也不會減少，意思就是維持現狀對吧。妳想問的是維持現狀難道不是最安全的嗎，對不對？

關於這個問題，能不能請經營過公司的泰造先生替我們回答呢？

泰造 我已經知道阿健老師刻意強調「維持現狀」的意思了。在經營公司的時候，維持現狀跟安全或安定其實相差甚遠。因為公司的經營只有賺錢或賠錢、成長或衰退而已。沒錯，沒有成長，就跟減少是一樣的意義。無論是在貨幣變得愈來愈不值錢的通膨環境，或是把錢存在銀行也幾乎拿不到利息的通縮環境下，維持現狀都跟賠錢是一樣的。

謝謝泰造先生跟大家分享這寶貴的心得。

正是如此。維持現狀，必須保證未來十年、甚至一百年都不會發生任何「意外」才是安全的，是有條件的安全性。然而，想要未來永遠不會發生任何「意外」是不可能的事。

永遠維持現狀的話，最後的終點一定是破產。所以說，就算只有一點點，也必須設法讓資產增加、讓資產成長。那就是活在資本主義社會的我們的宿命。

真由子 這麼說來，日本人不只對金錢的世界，對什麼都傾向保持現狀呢。雖然我們常以為冒險就是犧牲安全，但實際上也存在著為了尋求安全而必須冒險的世界呢。

今日總結

❶ 賺錢的基本原理，就是「大數法則×期望值×風險報酬率（損益比）」。

❷ 有時30%的勝率也會獲利，70%的勝率也會產生虧損。

❸ 槓桿的真面目就是「借款」。投資不一定要運用槓桿。

❹ 外匯保證金交易的風險和報酬都可以自己控制，所以比銀行定存更安全&賺錢。

❺ 維持現狀並不安全。

發現外匯竟如此簡單的瞬間

剛開始接觸外匯交易的時候，我曾感慨原來要賺錢是這麼簡單的事！既然世界上有這麼輕鬆賺錢的方法，自己過去的辛勞究竟是為了什麼呢……我甚至有過這樣的想法。

當時我正在中國經營運動用品和補習班的生意，也在閒暇之餘投資過不動產。

販賣運動用品，必須勤跑地方上的運動俱樂部，向各個俱樂部的社長或教練提供樣品，有時還得一起試用，工作非常忙碌。當然我也樂在其中，不過遇到訂單被取消或管理庫存等工作時，真的覺得非常辛苦。

至於不動產投資的部分，因為當時正值房地產價格一路飆漲的時代，所以我從中賺了不少錢；但為了取得產權也和地方的行政單位發生過不少麻煩，加上還要跟不動產仲介業者交涉，是個壓力很大的工作。

不僅如此，我還遇過一次被人擅自更改我名下房產擁有者的「事件」。房地產商擅自把我的房產拿去擔保，向銀行借錢週轉。

儘管我不擅長跟人吵架，但當時我不得不故意大聲咆哮，演出暴怒的樣子。

此外，我也不得不做類似於內部裝潢業者的工作，還要親自管理裝潢師傅。契約書形同虛設。因為一定會發生利益上的爭執，所以我完全沒有放鬆的機會。

直到實際拿到錢為止，都完全不能鬆懈。

而就在那時候，一位值得信賴的友人向我介紹了外匯投資，於是我便想稍微試試也無妨……就這樣抱著輕鬆的態度開始了這條道路。

當然我並非一開始就很順利。但不需要跟人談判、不需要管理庫存、用玩遊戲般的心態就能賺到錢的外匯，一方面讓我感到無比輕鬆，但另一方面如果不好好管理的話將會導致非常不得了的後果……我直覺地意識到了這點。

外匯投資是一種很棒的累積資產的方式，但一定要避免沉迷其中不可自拔。

第2天

Day 2

兩種重要的素養

先學習資訊素養與金融素養！在交易前應該知道的幾件事

駕馭資訊的海浪

看穿發言者、發訊者的「意圖」

不只是外匯交易，要從事任何新事物時，第一步都是先進行相關的研究。誠司，你知道投資外匯時有哪些蒐集資訊的管道嗎？

誠司 首先，應該可以從網路開始搜尋吧。

嗯，我想絕大多數的人都會從網路著手。

然而這個方法存在著一個很大的陷阱。而且這個陷阱又大又深，很多人掉進去後，就再也爬不出來了。

網路上的資訊，無論再怎麼警戒也不為過。

因為願意在網路上無償提供真正有益的資訊的人，可說是少之又少。

網路上的資訊可以分成以下三類。

① 引誘使用者加入付費或更高價服務的前導資訊

② 以刊登廣告或廣告點擊為目的而提供的資訊

③ 發訊者基於使命感而提供的訊息

③的資訊恐怕不到網路上全部資訊的10％。請假設你在網路上查到的訊息大部分

都是①和②。

某種商品或服務流行起來後，就會有無數的後繼者跟著加入，想從中牟利。例如演藝圈的偶像或藝人，以及健康食品等皆是如此。而投資也沒有例外。

一旦外匯交易開始受到矚目，就會有眾多的業者、媒體、資訊銷售者、廣告投放業者聚集而來，希望賺到散戶們的錢。

當中既有看準散戶知識較淺而從中敲詐、帶著惡意而來的壞人，也有單純看中其中商機的商人，動機五花八門。

只要稍微懂得商業運作原理的人應該都明白，一旦確定了某個可獲得利益的目標，市場上便會自然形成連鎖而相互依存的獲利結構。

○想收取手續費的證券公司

○想販賣資訊的資訊業者

○想收取回扣或廣告收入的投放商或部落客

○想提升知名度的專業操盤手

○想增加客群的投資學校或講座公司
○想擴大讀者或觀眾以增加廣告收入的各種媒體

如果這些人聚集在一起，你認為會發生什麼事呢？

換個問法好了。如果各位也屬於這些人中的一群，為了賺錢，會採取什麼樣的行動呢？

真由子　嗯……我可能會在部落格張貼廣告吧。因為外匯部落格的讀者可能會點進廣告連結購買。

不愧是真由子小姐。基本上就是這麼回事。

具體來說，將會出現以下的現象。

○出現大量比較外匯公司的網站
○出現大量自稱專業交易員的人的部落格
○新聞網站、入口網站、部落格等網頁上，冒出大量專業交易員或部落客的文章或資

訊商品的廣告

○出現刺激讀者欲望或運用不安心理的推銷網頁，引導讀者購買或參加演講的網站

我並不是要批判這個商業結構有什麼不好，也不打算糾正以上所說的商業手法。

再怎麼費盡苦心開發好商品，要是賣不出去就沒有意義，所以對企業而言，建立諸如此類的銷售戰略是必要的。而我自己做生意時也會運用右述的某些推銷手法。

◆阿健小叮嚀MEMO 6◆

○與投資商品有關的資訊，不一定全是為了幫讀者成功而放出的

而我想告訴各位的是，請避免犯下以下三種錯誤。

忽視前述商業結構的存在。

以為只要是在網路媒體揭露的資訊就是正確的，或相信有名交易員介紹的資訊一定沒有錯！輕易被這些宣傳手法釣上。

或是看到「這樣就能賺到〇〇〇萬元！」就上鉤。

不只是金融，包含政治和經濟等領域，世界上同時存在著各種正確和錯誤的資訊，要區別它們變得愈來愈困難。

網上常見的成功法就是典型的例子之一。雖然它們不見得全是騙人的，但我認為，事實上其中99％都是只適用於當事人的賺錢方法。

如果是真正有效的方法，各位難道不覺得應該會好好保密，自己一個人獨占所有利益嗎？

泰造　對啊，正如老師所說。可是，人們還是很容易產生「說不定這是例外」的念頭。這正是人性的弱點呢。

現在社會上有很多專門鎖定人性弱點的惡質手法。甚至有人發下豪語，只要綜合利用人類的欲望和不安全感，無論什麼東西都賣得出去。

如果發現真正優良的商品，比起素未謀面的陌生人，按照常理應該先告訴自己的親朋好友才對。不推薦給家人和親友的商品，反而在網路上煽動大家去買，這種時候就可以合理地懷疑「這東西真的有購買價值嗎？」。

投資情報和資訊商品也一樣。如果真的能賺錢的話，照理說除了推銷者自己之外，他的家人或朋友、周遭的人應該也會實際運用才對。然而，在大多數的例子中，實際賺錢的都只有當事人而已。有時甚至連當事人自己都賺不到錢。

在網路上稱讚那些資訊的，很多時候都只是買來的網軍。

真由子　可是阿健老師不也在經營投資顧問的服務嗎？阿健老師又是為什麼要教別人投資呢？

我自己的情況，是因為投資外匯的友人，以及我的鄰居很多都已經在盈利。我一開始是從身邊的親友開始推廣的，後來才因為某個原因而逐漸發展成事業。

而那個原因，就是想將能在世界上獲勝的理財教育和投資教育推廣給所有日本人的夢想。

在金融領域，日本不只是國民個人對金錢感到遲鈍，就連國家整體都遠遠落後以美國為首的主要國家。不僅如此，甚至逐漸被新興國家追過。

這個國家需要眾多能在世界上獲勝，並重振日本金融的人才。除此之外，廣大的國民更必須具備「在劇變的世界存活下

去」的能力。

而我，比起培育普通的外匯操盤手，更希望培育出能廣泛理解金融、投資、經濟的運作原理，具有同樣使命感的人才。

我認為，外匯投資是一種可以使社會變好的手段，能透過外匯學到什麼、透過外匯看到什麼未來，才是最重要的。

所以，我不只是在日本國內，在全世界的金融都市都有舉辦研討會，幫助日本人進軍海外。

外匯交易只不過是我所關心的一小部分罷了。

回到正題。真由子小姐，請問妳知道過濾這些資訊的智慧，通常稱為什麼嗎？

真由子 是，叫資訊素養對吧。這項素養的重要性，今天我徹底理解了。

◆阿健小叮嚀 MEMO 7◆

○我們必須具備資訊素養

外匯投資之所以變成賭博，是因為聚集了心懷各種目的的人

那麼，回到槓桿的話題。

各位在網路上接觸到的關於槓桿的資訊，都是什麼樣的資訊呢？

泰造　「只要使用槓桿就能賺大錢」的說法很常見呢。

○槓桿的運用才是外匯投資的奧妙所在
○只要運用槓桿，一獲千金也不是夢想
○槓桿5倍左右就很安全了
○投資外匯第一個應該學會的就是槓桿的用法

怎麼樣？諸如此類的資訊真的是常識嗎？這些資訊究竟是出於何種動機而放出的，我想各位心裡應該都有答案了。

以上說的資訊，目的都是使個體投資戶虧損。這些資訊的釋放者是為了讓個體投

資戶虧損，才故意把這些稍微思考後就能發現是錯誤的資訊，偽裝成「正確的資訊」流到網路上。

多虧這些錯誤的資訊使眾多的投資人賺不到錢，才有投資學校和投資講座的盛況。那些打著「必勝法！」招牌的資訊商品也才賣得出去。

自稱專業操盤手的人，利用部落格或網站發展事業的例子也屢見不鮮。

雖然不像「吹大風時，賣桶子的就賺錢（日本諺語，比喻發生一件事後，會接連產生其他影響）」那麼誇張，但只要散布「槓桿的謊言」，靠虧損者賺錢的人們生存空間就愈大。

只要打造健全的外匯投資環境，並根據正確的資訊實施教育，能靠外匯交易獲利的投資者應該會愈來愈多才對。

真由子 我也是這麼想的！如果能有更多日本人變得幸福就好了。

不過，很遺憾地，這世上不存在能讓所有人都賺錢的方法。

如果「外匯＝賭博」的觀念完全消失，大多數的個體投資戶都學會正確地操作外匯，能實際長期穩定獲利的投資人愈來愈多，各位覺得會發生什麼事呢？

「既然外匯交易這麼好賺，那我也來投資吧」、「不如把原本投資股票的錢改投資外匯市場好了」、「還是放棄高成本又低收益的不動產，改投資安全穩定的外匯吧」、「乾脆辭掉工作，靠外匯維生吧」，將會有愈來愈多人產生這樣的想法。

於是從此以後大家都過著幸福快樂的日子……真的是這樣嗎？不，我並不這麼認為。

如果大家都變成那樣子，才真的是不健康的社會。舉例來說，要是所有金錢都流向外匯市場，大家都不願意購買公司發行的股票，請問會發生什麼後果？

泰造 企業沒有足夠的資金週轉，影響到生產和服務，甚至或許會引發裁員。

沒錯。如果所有人都把精力放在外匯市場，日本的經濟結構將變得非常不健康。所以，我並不想讓所有人都知道外匯的美好，反而覺得多數人繼續相信外匯投資是一種賭博或許剛好。

我想在日本，外匯交易未來仍不太可能成為主流的投資市場。所以，只要懂得外匯投資優越性的人，在外匯市場賺錢就可以了。

真由子 所以我能跟阿健老師學習，可以算是幸運兒吧。

日幣存款真的安全嗎？

我們在前面說過，外匯投資是比把錢存在銀行更安全的資產運用方式。還有，維持現狀不見得就是安全的。

外匯投資比外幣定存更安全，這點相信各位都不會懷疑。可是聽到外匯比普通的銀行存款更安全，真由子小姐大吃一驚了對吧。

真由子　是啊，我從來沒想過，這世上還存在比銀行存款更安全的投資。

是的。「從來沒想過」，這就是目前大多數人的現狀。

人類的大腦，很容易在不知不覺間被「刻板印象」這種固定的觀念支配。一般人常覺得銀行不可能倒閉，也沒想過它們會倒閉；對於法定利息會變成負利率這種事，更是想都沒想過。

我想直到三十年前，誰也從沒想過終身雇用制度竟會不復存在。然而想在這世上活下去，我們就必須隨時考慮各種可能性。

尤其是我們日本人，很容易過度相信政府和主流媒體的觀點。更需要養成自主思考的習慣。

不過在思考「銀行存款真的安全嗎？」這個問題前，我想先幫各位建立「什麼是安全？」的共同觀念。

真由子小姐，請問妳認為安全是什麼呢？

真由子　安全是什麼……嗎？我覺得就是不會失去、沒有危險、受到保護、令人安心的狀態吧。不過這樣一來，好像就跟昨天說的維持現狀一樣了呢。

沒錯。另外，安全還需要加入時間的維度。例如現在的安全、一年後的安全、十年後的安全，還有極端一點的一百年後

的安全。

無論在外交或經濟的領域，時間都是很關鍵的考量因素。為了未來一百年的繁榮，現在應該採取何種行動。像中國便非常善於這方面的計畫。

觀察我們的社會保險制度改革等政策，日本別說是未來一百年，就連是否有考慮到未來十年都令人存疑，不禁讓人擔心。

泰造 意思是即使現在是安全的，也不代表未來是安全的，是這個意思吧。

如果人類是只活在當下的存在，那麼只考慮現在的事情也沒什麼問題。可是，我們距離死亡還有一段時間。直到嚥下最後一口氣前，人生都不算結束，必須設法規劃這段漫長的時光。

要是考慮到留在世上的家人，那麼要考量的時間又更長了。

最簡單的例子就是壽險，一旦開始投保就必須不斷支付保險費，失去金錢。雖然單從這個層面來看，保險並不安全；但因為自己死時可以拿到保險金，所以可算是投資購買未來的安全。

另一個例子，像是為了小孩的安全而禁止他出門遊玩、不許他交朋友、直到成年前不許他獨自外出。為了避免被騙不讓他自己買東西、想要什麼全部由父母買給他、不讓他擁有任何金錢。

這樣的孩子，你們認為他長大成人後真的安全嗎？

真由子 不如說就跟玻璃一樣脆弱呢（笑）。

要洞悉事物的本質，有時用「極端的方式思考」也是很有效的辦法。當某件事物存在邏輯上的曖昧時，放在極端的情況下便會變得明顯。

因此，那些平常沒有根據而被人們當成常識的觀念，在此方法下將一個一個現出原形。

乍看之下，有些方法當下雖然存在著風險，卻比什麼都不做還要來得安全更多。

那麼，讓我們一起來分析銀行存款的安全性吧。

泰造先生，能請您為我們舉幾個銀行存款的風險嗎？

泰造 帳戶凍結、惡性通貨膨脹、負利率政策……像這些吧。

泰造先生很有危機意識呢。這三者都是很現實的風險。即使過去沒有發生，卻不代表未來也不會發生。

除此之外還有嗎？

泰造 對了，還有日圓貶值。日圓貶值也是風險。

沒錯，我們日本人都太輕視日圓貶值的風險了。

日本高度經濟成長的時代早已成為歷史，開始面臨人口減少、少子高齡化等社會問題。社會保險處於破產邊緣，雖然稅收增加，但多出來的錢光用來提振景氣就應接不暇。

不少經濟學者認為，想使日本的財政健全化，就必須增加通膨率。通貨膨脹，也就是通貨本身的價值下跌。貨幣的價值下跌，則日本人的資產就會減少。

然而，只靠日幣生活的日本人，卻對日幣貶值這件事一點警覺性也沒有。

日本人對銀行存款的安全性深信不疑，把勞動所得全放在銀行，用從銀行提出來的錢生活。

假如未來日圓持續貶值，匯率從1美元對100日圓貶至200日圓，等於基於日幣的資產將大減至原本的一半。

擁有1億日圓資產的人，只是把錢存在銀行而已，實質上就會損失5000萬日圓的資產。

即使如此，各位仍認為銀行存款是安全的嗎？

自己的資產只以日本國內、只以日幣計算的時代已經結束了。我們已經無法再像江戶時代一樣鎖國，也無法再只購買國產、日本製的商品來生活。

不只用日幣，用全世界的通貨守護自己資產的時代已經來臨。

一旦日圓貶值，日幣的價值跌到原來的一半，只依靠日幣生活的人就必須支付兩倍的價格來購買其他國家提供的服務。

日本人的帳面薪資雖然不變，但實際上其他國家的人們薪資等於已變成兩倍。

了解這點後，我想再怎麼嘴硬的人也不敢說銀行存款是安全的。

◆阿健小叮嚀MEMO 8◆

○日幣存款並不安全

外匯是資產的避風港

投資外匯交易，也就是賣出未來貶值可能性高的通貨，並買入未來升值可能性高的貨幣。

就像美元／日圓、歐元／日圓、澳幣／美元、歐元／英鎊這樣，一定是以兩種通貨的組合來交易。

「買入」的意思，就是賣出後項的貨幣（標價貨幣），同時買進前項的貨幣（基準貨幣）。而「賣出」則相反，是買進後項的貨幣（標價貨幣），賣出前項的貨幣（基準貨幣）※9（詳細請參照p.23）。

無論是美元／日圓或交叉日圓※10（詳細請參照p.24）等與日幣有關的貨幣對，或是歐元／英鎊等不經由日圓的貨幣對，原理都是一樣的。

此外，外匯不像股票或外幣定存，一旦盤勢往下的話就束手無策。

如果遇到盤勢下跌，只要賣出可以了。無論盤勢上揚或下跌都能獲利，就是外匯投資的厲害之處。

當景氣不好時，不動產和股市的價格都會下跌；而外匯也能有效用來當成此類資產的避險手段。

有什麼風險？

接下來，讓我們來討論有關外匯的風險。

誠司 我認為外匯的風險就是槓桿。啊，但外匯的財務槓桿實際上可以控制，可以用1倍或0．1倍交易吧。

那除了槓桿以外……像是無法預測匯率會上揚或下跌嗎？

沒錯，正是如此。假設買入美元／日圓的話，當美元升值時就能獲利，相反地若貶值就會虧損。但沒有哪種方法可以100%確定美元會不會升值。

這就叫「不確定性的風險」。

◆阿健小叮嚀MEMO 9◆

○不確定性是外匯投資的風險所在

所謂的不確定性，就是無法預測、提前計算的意思。就跟我們無法預測日圓會升值還是貶值一樣，並非外匯特有的風險，即使是日幣存款（也就是普通銀行存款）也存在相同的風險。當然，其他的投資商品也是一樣的。

除此之外還有一種風險，那就是「無知導致的風險」。無知導致的風險我們會在後面的章節進一步解說。

這雖然不是外匯保證金的機制導致的風險，但當知識不足的人輕易投入交易，而且還用了錯誤的方法時，就有可能招來破產的下場。

例如沒有駕照的人去開車，或者是酒後駕車的話，便可能發生嚴重事故，甚至撞到人鬧出人命。又像是不會用槍的人操作來福槍的風險，以及缺乏專業知識的廚師烹煮河豚的風險。

從這個角度來看，無知的風險可說是無所不在。

而外匯也不例外。

對於不懂外匯的人來說，還是把錢存在銀行更安全。

一般人想像的投資風險

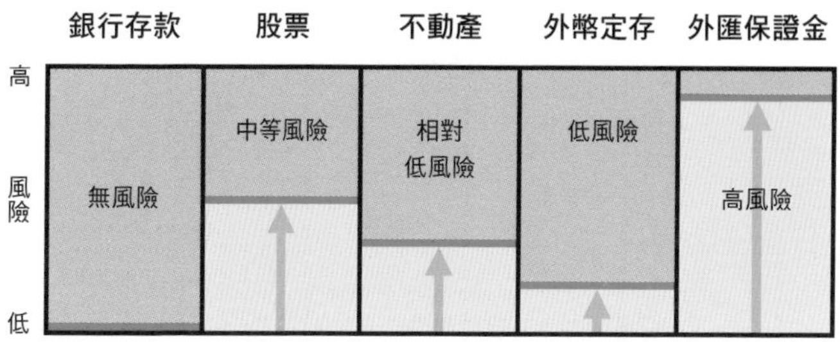

大多數的日本人都毫無理由地相信銀行存款不存在風險。而把外匯保證金等投資方法當成賭博。

投資風險的比較

說到投資，最為人所知的就是債券、股票、投資信託、不動產、外幣定存以及J-REIT等種類。

接著就讓我們來比較看看外匯交易跟這些投資方法的風險吧。

本節我們比較的是銀行存款、股票、不動產、外幣定存、外匯保證金等五種投資項目。

泰造先生，看到上面這張圖，您有什麼想法嗎？

泰造　這就是坊間最普遍的認知吧。銀行存款最安全，其次是外幣定

實際的風險

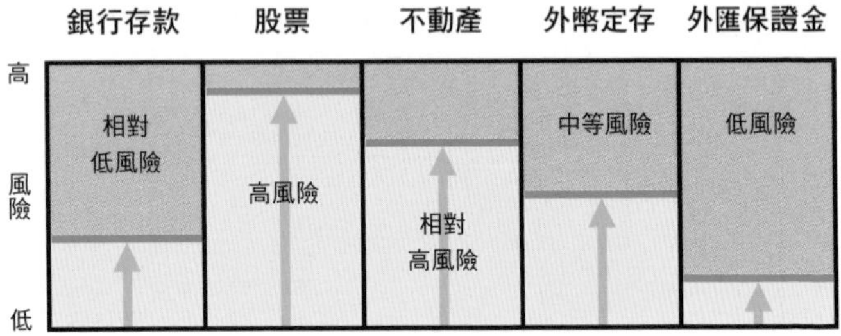

重點在於銀行存款和外匯保證金的比較。我們必須了解銀行存款並非無風險，而外匯保證金交易也不是賭博。

存，然後是不動產。日本人常認為不動產雖然沒有爆發性的報酬率，卻是堅實穩固、風險很低的投資。

股票則是高風險的投資，在日本如果告訴別人「自己有在玩股票」就會被投以異樣的眼光。至於外匯……就是像我一樣根本不敢告訴家人有在接觸的賭博（笑）。

那麼，請接著看看上面這張表。

這是真正的風險。並非「其實也有這樣的角度」，而是事實。

誠司，你有什麼感想嗎？

誠司　股票果然是風險最高的呢。

我已經理解外匯保證金風險很低了，

但也明白並非毫無風險。包含銀行存款在內，這世上不存在沒有風險的理財管道。

太精闢了，誠司！「包含銀行存款在內所有的理財方法都有風險」，就是最根本最重要的事實。

只要存在銀行就安全無虞，絕對沒有這種事。同時，雖然只要正確運用的話外匯就是風險最小的投資，但也不是完全沒有風險。

自家保險櫃也有火災和竊盜的風險，數位錢包也有系統遭駭的風險。此外，在日本無論是何種形式的資產，皆存在著稅金風險。

即使是海外投資，也必須面對國家風險和地緣風險。

那麼，就讓我們來檢證各種不同的風險吧。

投資的風險有下列十個種類。

①市場風險（價格暴起暴跌）

②信用風險（現金變廢紙）

③流動性風險（找不到買家）

④利率風險（支付利息上升）
⑤匯率風險（通貨的價值下跌）
⑥通貨膨脹風險（物價上升）
⑦資訊不對稱性風險（內線交易、資訊落差）
⑧國家風險（國家經濟）
⑨地緣風險（政治、軍事、外交）
⑩稅金風險（獲利被課稅抵銷）

本節只討論在日本國內的投資，故⑧的國家風險和⑨的地緣風險就不討論。此外，⑩的稅制若要細說的話甚至可以單獨出一本書，所以也暫且跳過。只討論①～⑦的風險種類。

那麼，真由子小姐，可以請妳替大家填上①～⑦每種風險對應的投資種類嗎？

真由子　是，我知道了！

嗯～像這樣嗎？

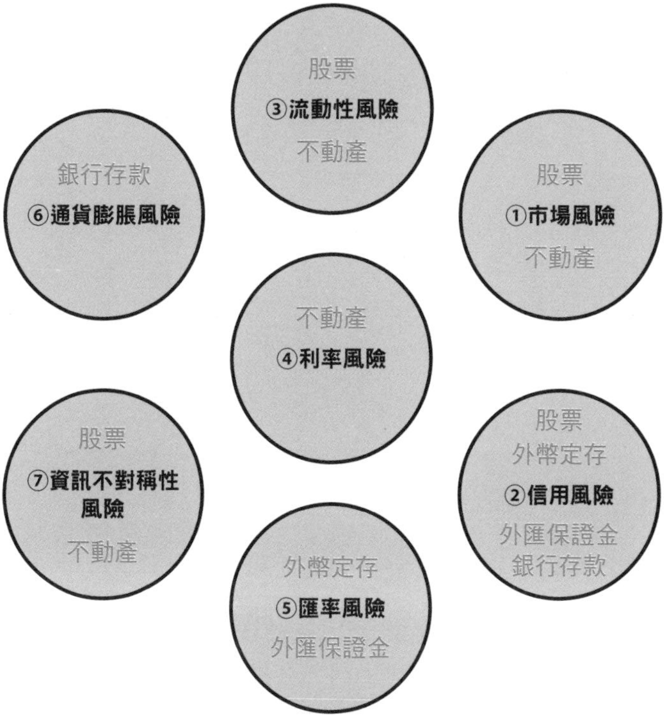

風險示例：①市場風險→如股價暴跌。②信用風險→貨幣變廢紙失去購買力。③流動性風險→想賣房子時找不到買家，只好降價拋售。④利率風險→房屋貸款的利息調高，需支付利息變成數倍。⑤匯率風險→匯率從1美元對100日圓變成1美元對150日圓。⑥通貨膨脹風險→物價變成2倍，存款價值減少一半。⑦資訊不對稱性風險→不曉得商品有缺陷而購買。

誠司　真由子小姐，太厲害了！

真由子　別看我這樣，其實我可是有理財規劃師資格的喔。以前在壽險公司工作時考取的。雖然現在已經忘得差不多了。

但我記得股票和不動產投資只對資訊的擁有者有利，對其他人來說進入的門檻非常高。

然後還有流動性。要把不動產換成現金時，如果找不到買家就沒辦法兌換。我還記得不動產貸款有利率上升的風險。這樣想想，不動產的風險其實很高呢。

就算不相信外匯保證金比銀行存款更安全，至少也該理解不動產投資不見得比外匯投資更安全。

說得很好，真由子小姐。不過妳漏掉了一個地方。就是這個。

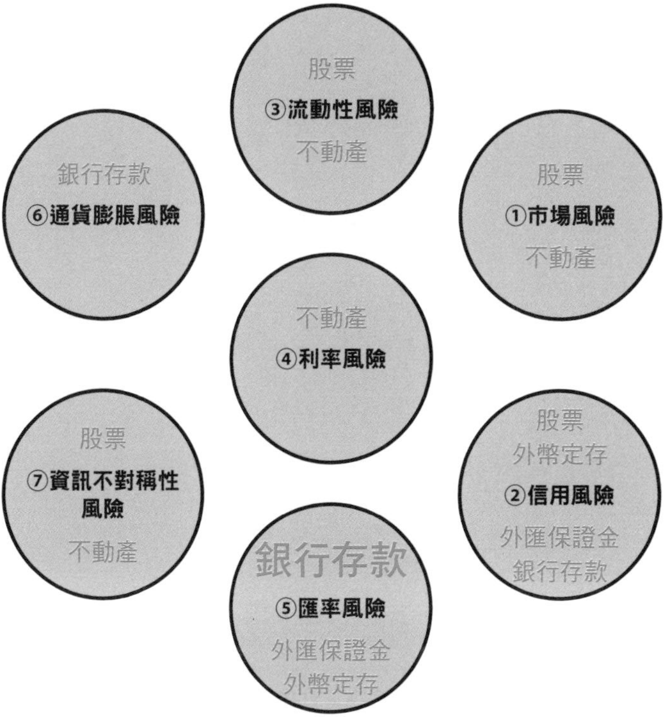

銀行存款也存在匯率風險!!因為把錢存進日本的銀行，就代表不管外匯市場發生什麼變化，都只把自己的資產固守在日幣上。

銀行存款也存在匯率變動的風險。以日幣存款來說，如果日幣對外幣的匯率下跌，資產價值就會跟著受損。

真由子 對喔，剛剛阿健老師才說過嘛。

泰造 像這樣放在一起比較，真的一眼就能看出每種投資的風險所在呢。

我以前從沒想過把銀行存款和外匯交易拿來比較，但現在我明白這絕對不是異想天開的事。

我們都是剛好生在日本、住在日本，所以很難察覺這個風險。不過，請各位想像一下那些所謂「政局動盪」的國家和發展中國家。

如果我們不是生活在日本，而是那些國家呢？我們一定會對只持有本國貨幣這件事感到非常不安才對。就算把本國的貨幣放在銀行，也絕對無法安心。

而日本的銀行並沒有特別安全。

阿健小叮嚀MEMO 10

- ○銀行存款不是絕對安全的
- ○外匯交易並沒有特別的風險
- ○拋下成見，客觀思考很重要

還有，雖然所有的投資都適用這個道理，但請別忘記，如果用了錯誤的方法，將可能招來意想不到的風險。

用錯誤方法投資時的最大風險

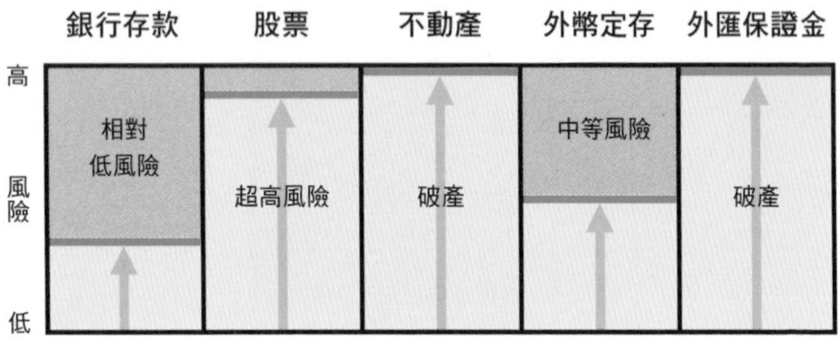

對於不具備正確知識的人，把錢存在銀行是最安全的。然而請勿忘記所有投資皆有機會發生無法預期的意外而導致破產。

不過，並非所有人都可套用相同的原則。

自古以來，對掌握大量資金和資訊的人而言，不動產都是一項十分有利的投資。多數資產家都持有不動產是有原因的。

對不是以增加資產，而是以保護已有資產為目的的人，或是想節稅、想避免被課到遺產稅的人來說，必然得考慮不動產這個選項。

提高破產機率的「無知風險」

前面也說過了，用錯誤的方法投資產生的風險，最大的根源就是「無知」。這種人來投資的話，投資外匯保證金或不動產時將有破產的危險。

從這個角度來看，「對不具備知識的人來說，把錢存在銀行是最安全的」這句話的確是事實。可是一如我們強調過很多次的，這絕對不是完全沒有風險。

在現在這個時代，金融素養的重要性無論再怎麼強調也不為過。

今日總結

❶ 不要忘記投資存在不確定性的風險。

❷ 只有外匯保證金交易無論漲跌都能獲利。

❸ 銀行存款實際上也存在因匯率變動而使資產價值減少的風險。

❹ 無知是最大的風險。

外匯和不動產投資，有什麼不一樣？

我自己最早接觸的投資，其實是不動產投資。不動產投資有兩種獲利手段。一種是資本收益（capital gain），一種是營業收益（income gain）。

資本收益指的就是買賣的利差。而營業收益就是收房租，評估收益的指標是「報酬率」。

相對於其他事業，我的不動產投資算是獲利比較好的，但有件事卻一直困擾著我。那就是「我要賣的時候真的賣得掉嗎？」、「真的能順利用自己理想的價格賣掉嗎？」。

不動產屬於很大型的買賣，就算想賣也不見得馬上找得到買家。當急著要脫手、希望快點找到買家時，往往必須大打折扣、用不理想的價格拋售。

現代的日本，除非是第一等的好地段，否則要買到賣價高於買價，也就是能靠資本收益獲利的不動產，簡直難如登天。因此，大家自然地改成以出租（營業收益）為目的。

以東京都心的新建大廈來說，據說實質利率一年只有4％左右。為了這4％的利率，向銀行借貸幾倍於自有資金的貸款，風險實在太高了。

而且還必須考慮管理費和修繕費等開銷。因為光是維持就需要花錢，所以必須持續確保入住者的品質。而如果全部交給管理公司來做，大部分的獲利又會被管理公司吃掉。

然而，不動產投資還是有個難以取代的優點，那就是節稅效果。

此外，不動產還存在資訊不對稱※11（詳細請參照p.24）的特性。對於掌握著一般投資人所沒有之資訊的不動產投資者而言，不動產是遠比外匯保證金更「美味」的投資。

外匯保證金交易，不論好壞，都是對所有人十分公平的投資。

第3天

Day 3

學習交易的步驟

終於開始下單！一起學習外匯的基礎知識在市場獲勝需要哪些專門知識？

開始交易前

第一步，我們需要先開戶。選擇業者需要注意的重點，昨天（第二天）我們幾乎都學過了。

點開外匯公司的網頁，通常會看到很多說明，介紹自家的服務比起他家如何優秀，網路上也有很多「外匯公司比較網

站」之類的網頁。要分辨哪些資訊是正確的，哪些是錯誤的，絕對不是件簡單的事。

大的交易商不見得比較好，曝光率高的公司也不一定更優良。

誠司　那麼，我們應該如何選擇呢？

很遺憾地，這世上不存在「正確的選擇方法」，也沒有適合所有人的外匯公司。

基本上，使用自己用得順的系統，那樣就可以了。至於哪間公司的系統比較好用，只能自己多開幾間公司的帳戶，親身使用比較看看。這個方法看起來很迂迴，卻是最快速的途徑。

唯一要注意的一點是，請選擇日本國內的業者。最近使用外國外匯公司服務的人愈來愈多，卻也經常耳聞「無法提款」或「失去音訊」等麻煩。

但如果是日本國內的公司，由於金融廳對於客戶的保證金有完全信託保全的義務，即使公司有個萬一而倒閉也能全額拿回保證金。

最近的外匯公司服務都很親切。

從線圖的顯示方式、下單方法，乃至各種工具的用法等，官網上都有詳細的說明。此外也有電子郵件和免付費電話的線上客服，就算真的遇到問題，也幾乎都能即時得到解決。

開設帳戶的手續全部都能在網路上完成。只需要打開外匯公司的網站，然後點擊「申請帳戶」的按鈕即可。

進入帳戶申請的頁面後，接著需要填寫（姓名、住址、電話號碼等）個人資料、銀行帳戶、投資經驗等資訊，並勾選同意書上的確認欄。除此之外，自2016年起還需提供身份證字號（註：日本長期以來沒有國民身分證制度，直到2015年才逐步實施，稱為「My-number」）。

最後再上傳或以電子郵件送出申請人確認資料就完成了。整個手續大約30分鐘即可辦妥。

完成申請，通過外匯公司的審查後，帳戶就開設完畢了。

瑞士外匯公司Dukascopy Japan的開戶（開辦帳戶）頁面。
Dukascopy Japan為得到金融廳許可之日本業者，並非外國業者。

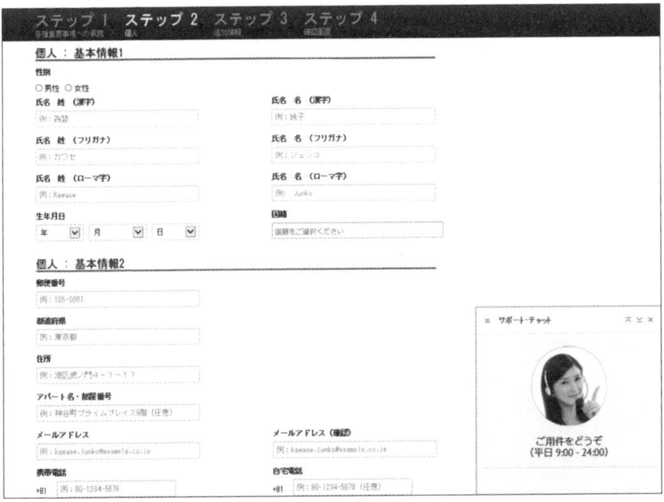

選擇個人或法人，選擇「我已看過並同意以上重要事項」後，無論選擇個人或法人都會跳出填寫申請者個人資料的畫面。該如何填寫內容都有十分淺顯易懂的說明，因此申請帳戶非常簡單。萬一真的看不懂的話，也可以用即時線上客服詢問。

接著是交易的流程。

由於各家外匯公司的官網都有詳細的說明，因此這邊我們只做簡單的整理。

1 匯入資金

從預先登錄的銀行帳戶將保證金匯入外匯帳戶。

2 選擇貨幣對

美元／日圓、歐元／美元等，選擇要交易的貨幣對。

3 選擇下單貨幣單位

例如1000單位、1萬單位等，決定要交易的部位大小※1。如果是美元／日圓的話，則1000單位就是1000美元，1萬單位就是1萬美元。

4 選擇下單種類

從市價單、限價單、IF－OCO中，選擇最適合自己的

※1 **部位大小** 持有或交易的貨幣數量（金額）。詳細請參照p.22。

下單種類。

市價單就是用下單當時的市場價格買賣，而限價單則是市場價格到達指定的價格時即自動買賣的預約單；IF－OCO則是在丟出買單或賣單時，同時建立停損單（止損※12用的限價單）和停利單（止盈※13用的限價單）。用IF－OCO下單的話，系統就會在市價到達指定價格時自動平倉。若沒有特別的理由，建議都用IF－OCO下單。

下單的詳細方法會在第4天介紹。

5 下單

按下下單按鈕，確定送出。

就是這麼簡單。

停損單（止損※12用的限價單）
當買進後價格下跌，或是賣出後價格上漲，防止損失超出預期的限價單。詳細請參照p.22。

停利單（止盈※13用的限價單）
在買進後價格上揚，或賣出後價格下跌時，確實平倉獲利了結用的限價單。詳細請參照p.24。

只要知道大概是這個樣子就足夠了。

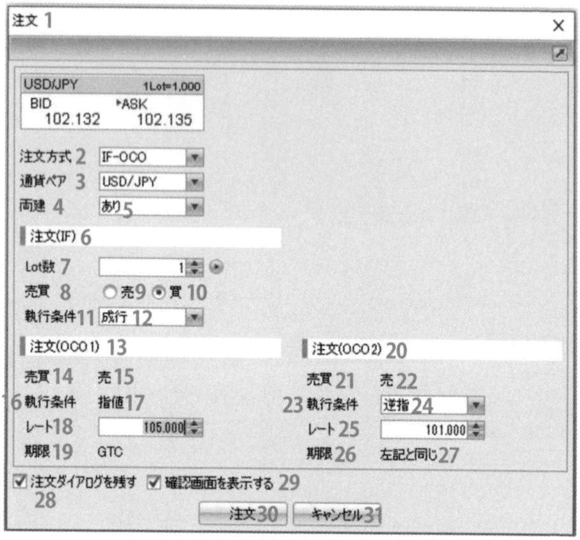

1. 下單　2. 下單種類　3. 貨幣對　4. 對敲　5. 可　6. 下單（IF）
7. 手數（Lot）　8. 買賣　9. 賣　10. 買　11. 成交條件　12. 市價
13. 下單（OCO 1）　14. 買賣　15. 賣　16. 成交條件　17. 限價
18. 匯率　19. 期限　20. 下單（OCO 2）　21. 買賣　22. 賣
23. 成交條件　24. 停損　25. 匯率　26. 期限　27. 同左
28. 保留下單紀錄　29. 顯示確認畫面　30. 送出　31. 取消

上圖為Hirose通商的外匯交易系統「LION FX」的「IF-OCO」的下單介面。IF-OCO為下單種類。下單種類共有4～5種，其中IF-OCO是指在買進或賣出時，同時送出止損用的停損單和止盈用的停利單的下單方式。這麼一來便可在萬一發生虧損時控制損失，也可以自動了結獲利。手數（Lot）是指要以多少交易商預先設定好的交易單位下單。例如交易商規定1手為1000單位的話，5手就是5000單位，10手就是1萬單位。

圖表的基本知識

市場的本質是「價格」、「時間」、「群眾心理」

那麼接下來讓我們來學習外匯的基本知識吧。

首先最重要的是市場的本質。所謂市場的本質，就是「市場是什麼？」的意思。

所謂的市場，就是進行買賣的場所。而其本質在於「價格」、「時間」和「群眾心理」。也就是說，市場的動態反映了這三種要素。只要觀察圖表，就能一眼看出這三種要素的狀態。

阿健小叮嚀MEMO 11

○市場就是進行買賣的場所
而市場的本質在於
・價格　・時間　・群眾心理

誠司，你知道為什麼市場價格會發生改變嗎？請記下我說的這句話。「為什麼、市場價格、會發生改變」。

誠司 是，我記下來了。

請複誦幾次看看。

誠司 為什麼、市場價格、會發生改變。為什麼、市場價格……啊，我知道了！是因為時間的流逝對不對？今天的價格、明天的價格、後天的價格都不一樣。是因為時間改變了。

正確答案！

有些人可能以為市場的構成要素只有價格，但那是錯的。市場是由縱座標的價格，和橫座標的時間交織而成的。

假設今天美元／日圓的價格為100日圓。同樣是1美元對100日圓，但今天的100日圓和明天的100日圓，意義卻是不一樣的。

今天的100日圓可能很便宜，但明天的100日圓可能很貴。

在日本，傍晚到超市購物時，會發現很多貼著折扣標籤的食品對吧。像是在早上一包500日圓的牛肉，到了傍晚可能降價30%只要350日圓。就像這樣，隨著時間改變，事物的價值也會跟著改變。

早上剛進貨的牛肉，假如上午10點時賣500日圓，到了晚上8點還是賣500日圓，雖然價格不變，但價值卻不一樣了對吧？

真由子小姐，妳覺得哪個時段的價值比較高呢？

真由子 當然是早上10點的！

沒錯。沒有人會認為兩個東西只要價格一樣，價值也一定相同。通常很少人光看價格就決定「現在不買更待何時！」。

那麼，假如到了晚上8點，那包牛肉降價10日圓變成490日圓。如果是真由子小姐的話，會選擇購買500日圓的新鮮牛肉，還是已經擺在架上超過半天的490日圓牛肉呢？

真由子 如果只差10日圓的話，我會早上去買500日圓的新鮮牛肉吧。

我大概也跟妳一樣（笑）。

一如超市的生鮮肉品，金融市場的商品價格，也跟時間有著密不可分的關係。

所以，我們在市場上必須隨時掌握「現在價格」的意義。換言之，就是掌握昨天的1美元對100日圓，跟今天的1美元對100日圓，究竟哪一邊比較有價值。

而圖表的功能，就是用圖像呈現這些資訊。

貨幣並沒有絕對的價格，只有跟其他貨幣比較而得的相對價格。

所謂的相對價格，就是判斷這個牛肉究竟是划算，或是賣得太貴。而絕對價格，指的則是無關肉品的品質，貼在包裝

上的價錢。

比如當美元／日圓為１２０日圓時，要買進1美元，需要支付１２０日圓。從絕對的價格來看，1美元永遠是1美元；但在1美元對１２０日圓和1美元對１５０日圓兩種情況下，美元的相對價格就不一樣。

不過，就算同樣是1美元對１２０日圓，美元的價格也不是固定不動。因為用來購買美元的日圓對其他貨幣的相對價格一樣隨時在變動，所以即使美元對日圓的價格一直維持在１２０，美元的價格仍然隨時在改變。

外匯市場上沒有絕對的價格，請各位務必記住這句話。

阿健小叮嚀MEMO 12

○外匯市場上沒有絕對的價格

泰造 老師的意思是不能單純只看價格，以為數字愈大價格就愈高，數字愈小就愈便宜對吧。

不如說甚至有時候會出現表面的數字雖然很大，價格卻很便宜；或是數字雖然很小，價格卻很高昂的情況。

由此便可看出時間的重要性。

同樣是1000元，三十年前的1000元和現在的1000元價值完全不一樣對吧？三十年前的1000元和現在的1100元，各位覺得哪邊比較大（有價值）呢？

泰造 三十年前的1000元。

因為跟現在的1100元相比，三十年前的1000元可以買到更多東西。

接著我想直接透過圖表，說明外匯市場上時間與價格的關係。

首先，請各位看看左頁的線圖。

英鎊／日圓的月線圖（期間：2001年4月～2016年9月）

真由子小姐，上圖A點的價格跟B點的價格，請問何者比較高呢？

真由子　看起來是A比較高，難道不是嗎？

A看起來比較高對吧。可是，正如妳的懷疑，A點的價格不一定比B點高。

這點可以從後面的價格變化明顯看出。A點的價格乍看比B點的價格高，但過了A點後價格卻一直往上爬（升值）。相對地，B點卻是該波段的頂點，過了B點後價格就開始大幅下跌（貶值）。

所以，從結果來看，可以得出

同樣的圖表。高點隨著時間經過而降低，可看出升值的空間變小。C點和B點的絕對價格雖不一樣，相對價格卻很接近。

「A點價格不高，而B點卻很高」的結論。

我們改用更淺顯的方式說明吧。

上圖的斜線表示的是高點的推移狀況。愈往右方線愈往下走，由此可知高點隨著時間逐漸降低。

這張圖中的價格基準，不是A點和B點，而是C點和B點。因為C點和B點都是波段的頂點，市場價格過了這兩點後就急轉直下。

這張圖可以解釋成「價格上升到C點就上不去」、「上升到B點就上不去」。C點是多方用盡全力推上的價格頂點，B點同樣也是利多出盡後的價格。兩者皆為無法再往上升的極限價格。

因此，C點和B點的絕對價格雖然不一樣，但相對價格卻相差無幾，可以這麼理解。

而A點價格的絕對價格雖然高於B點，但相對價格卻比B點便宜。

如果想在A點進場，由於之後的價格是上揚的，故應該選擇買進；而在B點進場的話，由於價格過了B點就開始下跌，故應該選擇賣出。如果因為B的價格比A低而買進，將可能蒙受巨大的損失。

阿健小叮嚀MEMO 13

- ○貨幣的絕對價格沒有意義
- ○更重要的是相對價格
- ○相對價格會隨時間改變

重要的是

○現波段的高點和低點

○現在價格的意義

至於推動市場變化的動力，則是「群眾心理」。

群眾心理，又叫市場心理，或是市場情緒。

也就是市場參與者究竟是躍躍欲試、充滿不安、缺乏信心、戒慎恐懼，又或是泡沫膨脹的狀態。

比如市場暴跌就是市場參與者的心理由不安轉為恐懼，開始大量拋售，造成連鎖反應的下跌現象。

泰造先生，請問您記憶中最近一次市場暴漲是什麼時候呢？

泰造　那當屬２０１２年起安倍經濟學造成美元對日圓的大漲吧。那次美元對日圓可是一路從70日圓漲到１２０日圓，升幅高達50%以上呢。

我想到的也跟您一樣。

所謂的安倍經濟學，就是安倍政府為了擺脫通縮，宣誓要讓日本通膨率達到2％，開始大量印製日鈔、購買日股的貨幣寬鬆政策。

因效仿雷根經濟學而被稱為安倍經濟學。

雖然政府檯面上矢口否認，但本質上就是使日圓貶值的策略。所以，無論當時市場上出現何種日圓升值（美元／日圓下跌）的新聞，市場都毫無反應。最後美元／日圓也確實以驚人的速度暴漲（日圓貶美元升）。

當時市場上瀰漫著一股「只要賣日幣買美金就一定會賺」的氣氛。

雖然安倍經濟學被視為是日本政府、日銀和GPIF（年金積立金管理運用獨立行政法人）創造的「官製行情」，但即便GPIF投入了超過100兆日圓，外匯市場卻沒小到光憑GPIF的買單就能左右價格的程度。畢竟外匯市場可是一天的交易額就高達600兆日圓的市場。

「日銀在買進ETF※14（詳細請參照p. 25）」、「年金基金在買進日股和美金」、「外資正在買進日股」，因為其他重要大戶都在買進，所以可以放心地跟著買進……

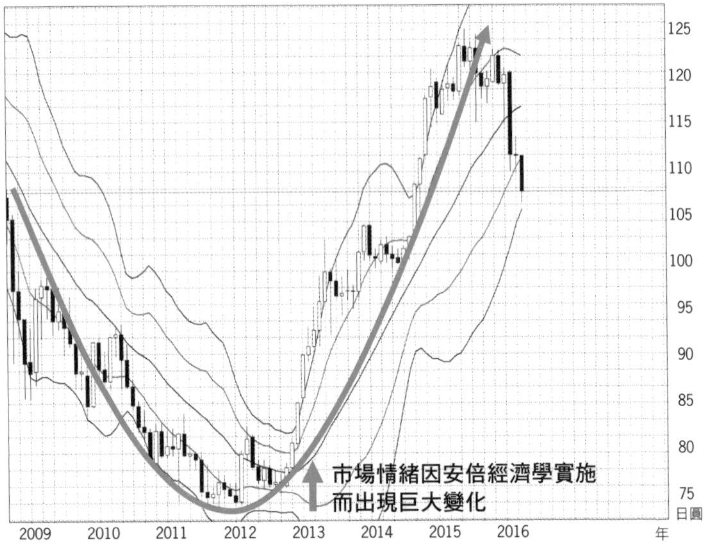

美元／日圓的月線圖（期間：2008年9月～2016年4月）

當時的市場上充斥著這樣的氣氛和心理。

結果，市場上醞釀出「無論發生什麼事價格都只會往上」的認知，引起買進的連鎖效應，使市場一路上揚。

泰造先生，那麼您印象中最近一次的市場暴跌又是什麼時候呢？

泰造 那只能是雷曼事件了吧。

恐怕不論問誰一定都會得到這個答案吧。

雷曼事件，指的是以2008年9月15日美國投資銀行雷曼兄弟破產為導火線，最後波及全世界的大規模

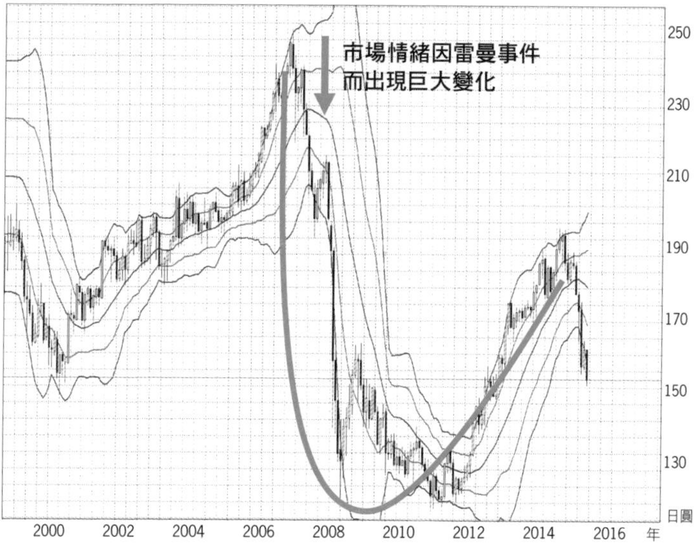

英鎊／日圓的月線圖（期間：1999年1月～2016年4月）

金融危機。當時日經平均股價指數也從2008年6月的14000點高點，一路跌至2008年10月，在短短四個月內大跌到只剩7000點。

雷曼事件時的行情，就是典型的熊市。當時無論誰出來說什麼，任政府提出何種對策，都無法阻止市場暴跌。下跌造成更多賣單湧現，整個市場被恐懼支配，無法脫離惡性的連鎖效應。

遇到這種行情時，因為擔心未實現損失[※15]擴大，散戶和法人的停損賣單會大量湧現。

而受災情況較輕的避險基金[※16]只

要賣掉的話就能夠獲利，所以會不斷丟出新的賣單。相對地，由於沒有足夠的買家，故市場價格會一路跌到谷底。

學會就不難！資訊的寶庫「K線」

接著讓我們來學習K線吧。市場的本質是學習K線和稍後介紹的各種技術指標前，必須先理解的重要知識，因此我們剛剛先講解這部分。

K線是表現市場動態的視覺化符號。

K線圖除了非常簡單易用，更能告訴我們幾乎所有必要的資訊。是全世界的投資人都在使用的優秀圖表。

對了，各位知道K線是日本人發明的嗎？

誠司　真的嗎？我不知道耶。

據說K線是江戶時代出羽國的本間宗久發明的，最初是用

※15 **未實現損失**　尚未兌現的虧損。詳細請參照p.25。

※16 **避險基金**　以不公開的形式募集資金、追求利益的金融業者或金融商品。詳細請參照p.25。

於大阪・堂島的白米生意。因為K線的形狀很像蠟燭，所以又叫蠟燭線（K線的日文為ローソク足，ローソク為蠟燭之意）。

K線的看法

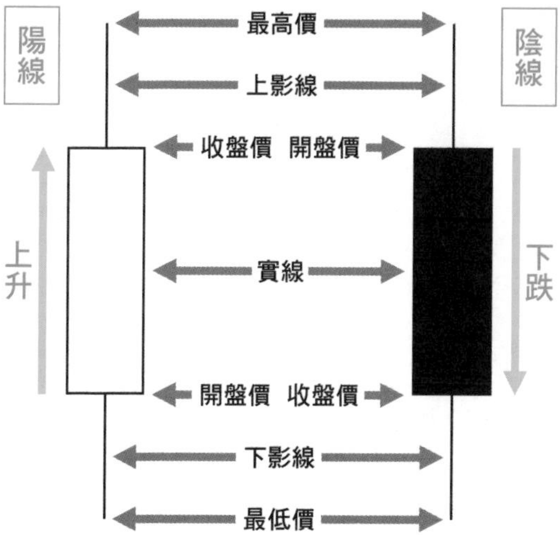

K線的方形部分稱作「實線」，上下延伸的細線稱為「影線」。實線顯示了該時段市場的起始價格（開盤價）和最終價格（收盤價）。影線則可看出該時段盤中價格最高上漲到哪裡，最低又下跌到哪裡。

一般來說，K線的開盤價和收盤價是以紐約市場的收盤時間（夏季為上午5點，冬季為上午6點）為基準。夏季時間為3月第二個週日凌晨1點～11月第一個週日凌晨1點，冬季時間為11月第一個週日凌晨1點～3月第二個週日凌晨1點（此處時間為台灣時間）。

那麼，接下來我們將說明K線的意義。

K線就跟點燃後會慢慢變形的真正蠟燭一樣，會隨著時間改變形狀。

每條K線都代表了一段時間。而K線所顯示的時間又分成幾個種類。K線的名稱也隨代表的時間長度而異。

例如月線、週線、日線、4小時線、1小時線、30分線、15分線、5分線、1分線等等。

月線的K線每條都代表1個月的時間。日線1條則代表1天（24小時），4小時線則代表4個小時（240分鐘）。

本節就讓我們以日線為例，一起來看看K線在其顯示的時段內（24小時以內）究竟

1條日線從起始到完成的過程（紐約夏季時間）

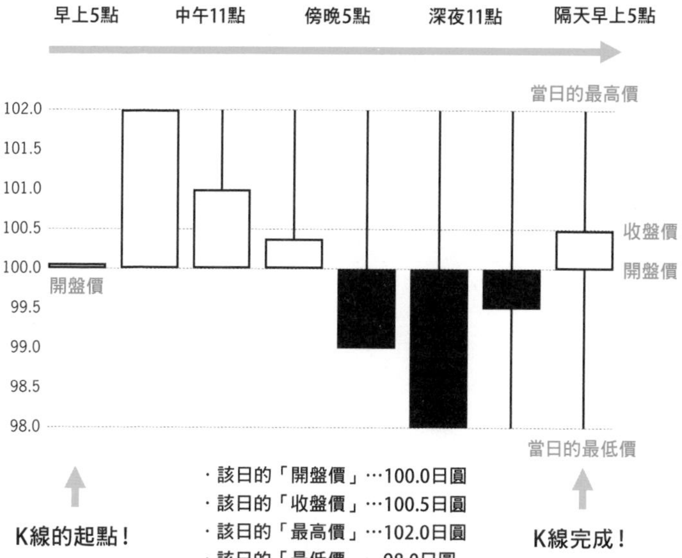

・該日的「開盤價」…100.0日圓
・該日的「收盤價」…100.5日圓
・該日的「最高價」…102.0日圓
・該日的「最低價」…98.0日圓

紐約市場的冬季時間為上午6點決定收盤價。

當日K線的完成圖形

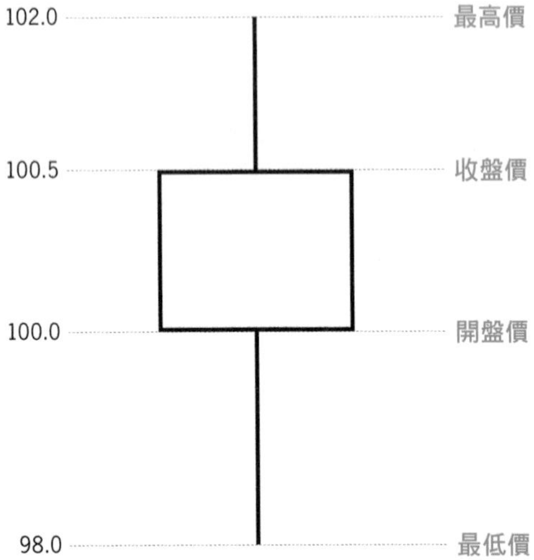

會如何變化，最後又會變成何種形狀吧。

即使換成其他時間的K線，也只是時間的長度不同，原理完全一樣。

真由子小姐，妳還記得什麼是市場的本質嗎？

真由子 是價格、時間、群眾心理這三個！

沒錯。而K線其實也能看出價格、時間、群眾心理。

首先是時間。

每條K線都代表固定的時間。

例如日線可以告訴我們24小時內價格出現了多少波動。

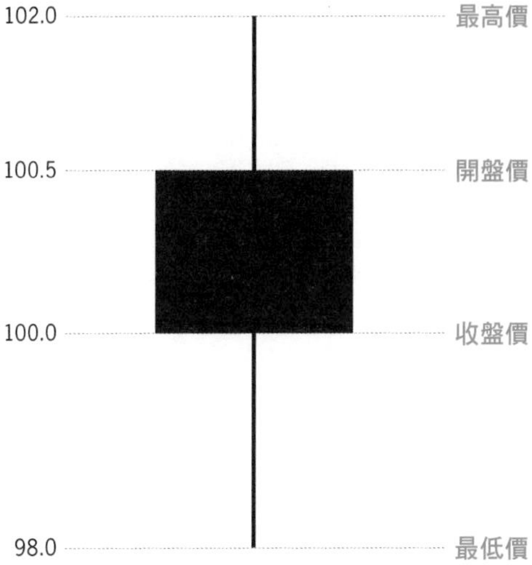

我們可以從K線看出四種價格。

在一條K線所代表的時間中，最初的價格稱為開盤價，最後的價格稱為收盤價，最高的價格稱為最高價，最低的價格則是最低價。

收盤價高於開盤價的K線稱為陽線，而收盤價低於開盤價的K線則叫陰線，各有不同的稱呼。

那麼真由子小姐，請問前頁上圖的那條K線是陽線，還是陰線呢？

真由子 我想想，因為收盤價比開盤價高，所以是陽線！

對，就是這樣。

順帶一提，陰線則恰好相反。

真由子小姐，那麼上頁的K線是陽線還是陰線呢？

真由子 因為收盤價比開盤價低，所以是陰線！只要記住白色K線是陽線，黑色K線是陰線就好了對吧。

沒錯，的確是陰線。

不過各家公司的線圖用的K線顏色可能會不一樣，所以使用時記得先檢查一遍。

所謂的陽線，就是即使中途（開盤到收盤間的時段專業用語稱為「盤中」）一度下跌，但之後又重新漲回，最後以升值收尾的價格變化。

出現陽線代表上升的力道較強，而陰線則相反，代表下跌的力道較強。

以日線來說，1條K線等於濃縮了24小時內的市場動態。可說非常有意思。

另外，K線開盤價到收盤價之間的線段稱為實線，上下超出開盤價和收盤價至最高價和最低價的線段稱為影線。

阿健小叮嚀MEMO 14

○K線的實線部分代表開盤價和收盤價

○K線的影線部分代表該時段的最高價和最低價

解讀圖表的最佳工具「布林通道」

講完了K線，接著要介紹的是技術指標。

所謂的技術指標，就是進行技術分析，藉過去的價格變化來預測未來價格走勢時所用的各種工具。因此，又被稱為「技術分析工具」。

技術指標有成千上百種，用途也各不相同。但各位只需要知道「布林通道（Bollinger Bands）」就可以了。

技術分析是一門一旦開始研究，即使窮盡一輩子也研究不完的深奧學問。如果想成為專門學者的話倒是無妨，但真的栽進去也可能一毛錢都賺不到。

不，不如說還得砸入大筆的金錢在「研究費」上。我說的研究費當然就是交易時賠掉的錢（笑）。

所謂的布林通道，就是用來顯示「市場偏差值」的工具。

如果是有在日本考過高中或大學的人，聽到偏差值這個詞，肯定會想起學生時代的種種回憶吧。

真由子 我只能想起痛苦的回憶而已……！

那麼阿健老師，您說的布林通道究竟要怎麼使用呢？

首先請點開各位使用的外匯交易系統的圖表畫面，在視窗內找到「技術指標」或「技術分析」（每間外匯公司所用的名詞可能有些許差異）的標籤，用滑鼠點一下。點完後，畫面上會跳出很多技術指標，當中一定能找到布林通道這項指標。

接著點選布林通道，然後設定數值。數值請設在「21」。

如果連±1σ、±2σ、±3σ都可以選擇的話，請只選±1σ和±2σ。這樣就設定完成了。

美元／日圓的週線圖（期間：2014年7月～2016年1月）

布林通道會分成五條線表示。最中間的線叫中軌，位於中軌上下的是+1σ（+1標準差）和-1σ（-1標準差）。然後最外側的則是+2σ和-2σ。

各位可以想成中軌為偏差值50，+1σ為偏差值60，+2σ為偏差值70，-1σ為偏差值40，-2σ為偏差值30，會比較好理解。

布林通道有三個優點。

第一，是簡單好用，而且可以提供很豐富的資訊。第二，布林通道可以顯示市場當前的情緒。所謂的市場情緒，就是市場心理或群眾心理的意思。第三，它可以告訴我們買賣的時機。

布林通道的結構非常簡單。

它是由五條線所構成，每條線並非零散無序，而是存在著規律，在視覺上也不混亂，很適合當成評估市場的基準。

○市場心理——市場的變化方向

○買賣時機——該買、該賣，以及進場的時機

一般只要知道這兩點就很充足了，但透過布林通道，我們更可以看出：

○行情的分歧點（加速上升、下跌的分界線）

○**市場是否過熱（超買或超賣）**

○**群眾（多數的市場參與者）的止損[※12]點**

○**群眾（多數的市場參與者）的止盈（獲利了結）[※13]點**

○**市場的波動率（價格會上下波動多少）**

○**市場行情（單邊行情、震盪行情、猶豫行情……詳細請參照p.154）**

○**停損單（止損的限價單）、停利單（止盈的限價單）的標準**

○**抵抗線（行情停漲或止跌的位置）**

那麼接下來將依序說明這五條線。

首先是中軌。

真由子小姐，請問馬路中間的那條線叫什麼呢？

真由子 道路中線。

是的。那麼，為什麼要畫這條中線呢？

真由子 為了讓對向行駛的車輛可以安全的交會。中線是將

停損單（止損[※12]用的限價單）

防止買進後價格下跌，或賣出後價格上揚，使損失超出預期的預約單。詳細請參照p.24。

停利單（止盈[※13]用的限價單）

在買進後價格上揚，或賣出後價格下跌時，確實獲利了結用的預約單。詳細請參照p.24。

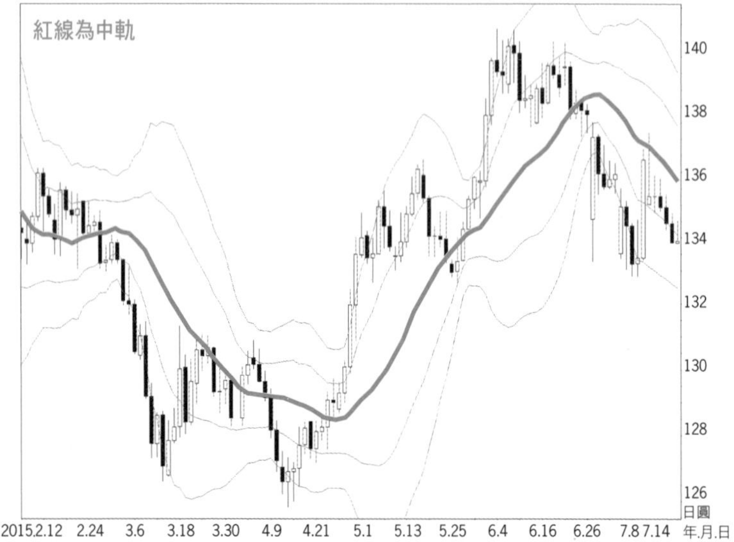

歐元／日圓的日線圖
紅線為布林通道的中軌。

道路從中分成兩塊，指引車輛在左側或右側行駛的交通標誌。

對，而布林通道的中軌也有同樣的功能。

中軌顯示的是市場價格正中間的平均值。

此外這條線又叫21移動平均線[21 SMA：21 Simple Moving Average][※17]（詳細請參照p. 25）。之所以叫這個名字，是因為該線是由過去21條K線的收盤價平均值所繪成。

也就是說，將過去21條K線的收盤價全部相加後除以21，即可算出當前中軌的價格。

如此便可得知市場的中間價格。

布林通道的中軌就像道路的中線，首先可以告訴我們這條路從哪開始、往哪個方向去。

例如當-1 σ往上，而+1 σ往下，五條線乍看之下好像各往不同方向時，只要觀察中軌，便可得知道路——也就是市場的方向往哪裡去。

市場的方向只有上升、下降以及橫盤三種。

中軌向上的話即是上升，向下的話即是下降，橫向的話則是橫盤。

中軌的方向即代表長期的市場趨勢。

另外，中軌還能告訴我們另一種更短期的動態。

那就是觀察K線的收盤價是在中軌之上，還是在中軌之下。

若K線的收盤價在中軌上方，表示短期的趨勢是上升；在中軌下方的話則是短期內趨勢向下；與中軌交纏的話則可理解成沒有明顯趨勢。

《市場的中長期方向》

中軌向上…上升趨勢

中軌向下…下跌趨勢

中軌向橫…橫盤

《市場的短期方向》

K線的收盤價在中軌上方…上升趨勢

K線的收盤價在中軌下方…下跌趨勢

K線實線段與中軌交纏…無明顯趨勢

☆短期、中長期沒有絕對的區分標準，但K線低於8條可以算是短期，9條以上可以當成中長期，取個大概的標準即可。

若中軌向上，且K線收盤價在中軌上方的話，則可判斷無論中長期或短期趨勢皆是向上。

中軌顯示中長期的市場趨勢

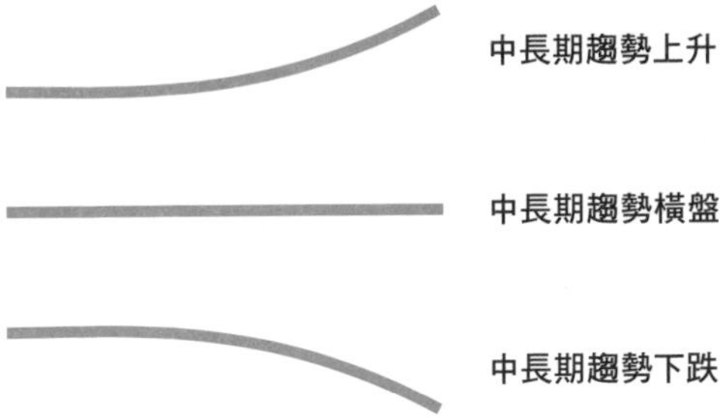

中軌的方向可用來判斷市場中長期的趨勢。換言之，中軌向上代表中長期有上升的傾向，平行代表中長期呈橫盤，向下代表中長期有下跌的傾向。

中軌和K線的位置關係可判斷市場短期和中長期的趨勢

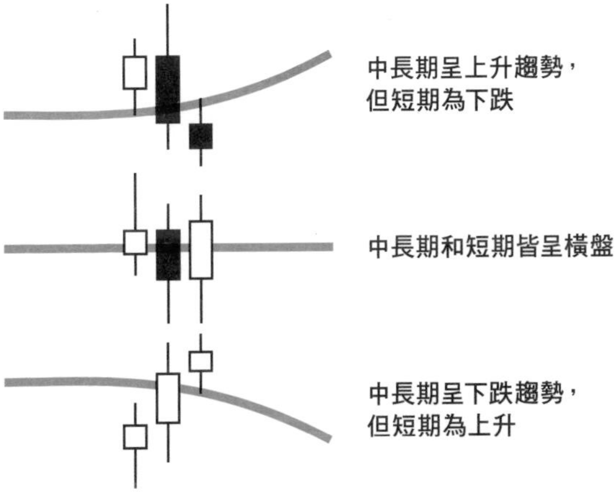

不論中軌的方向如何，K線的收盤價若在中軌上方，代表短期仍為上升趨勢，K線實線穿過中軌則是橫盤，收盤價在中軌下方則為下跌。

若中軌向下，但K線收盤價在中軌上方，則可以得知中長期的趨勢雖然向下，但短期的趨勢卻是向上。

接著是+1σ和-1σ。這部分可能比較艱澀，還請各位不要睡著了（笑）。

「σ」讀作sigma，也就是標準差的意思。

所謂的標準差，就是統計學中用來顯示離散型態的指標。

而在布林通道中，即是表示K線的分布、離散狀態的指標。

K線的收盤價落在+1σ和-1σ之間的機率為68．3%。換言之，K線大概有3分之2的機率收在±1σ之間。

這個機率的計算方式很複雜，故我們不多做說明。各位只要知道K線約有3分之2的機率會收在左圖兩條紅線之間的區塊就夠了。

最後是+2σ和-2σ。

K線的收盤價落在+2σ和-2σ之間的機率為95．5%。由此可知大部分的K線都會收在這個區域內。

K線沒有收在±2σ之間的機率只有4．5%。假如K線的收盤價落在±2之外，代

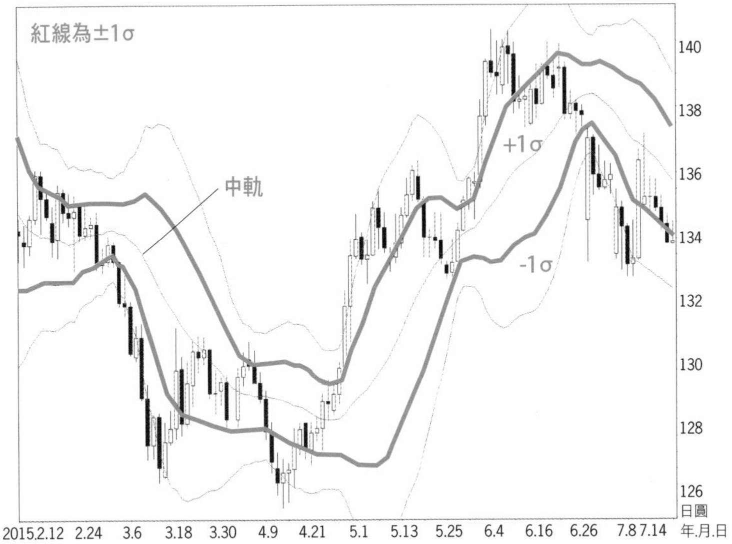

歐元／日圓的日線圖

紅線（上側）是布林通道的+1σ（sigma）上軌，紅線（下側）是-1σ（sigma）下軌。K線收在兩條線之間區域的機率為68.3%。σ的位置是用計算「標準差」的公式導出的。把它想成「偏差值」就好理解多了。中軌即是偏差值50，+1σ是偏差值60，-1σ是偏差值40。

表市場上出現了非常少見的現象。

布林通道的基本說明到此就結束了。但即使知道基本的看法，如果不知道實際上該怎麼用的話就沒有意義。

相信只要學會如何運用成功模式進行實際操作，各位自然會明白布林通道是多麼好用的技術指標。

請大家稍安勿躁，再忍耐一下吧。

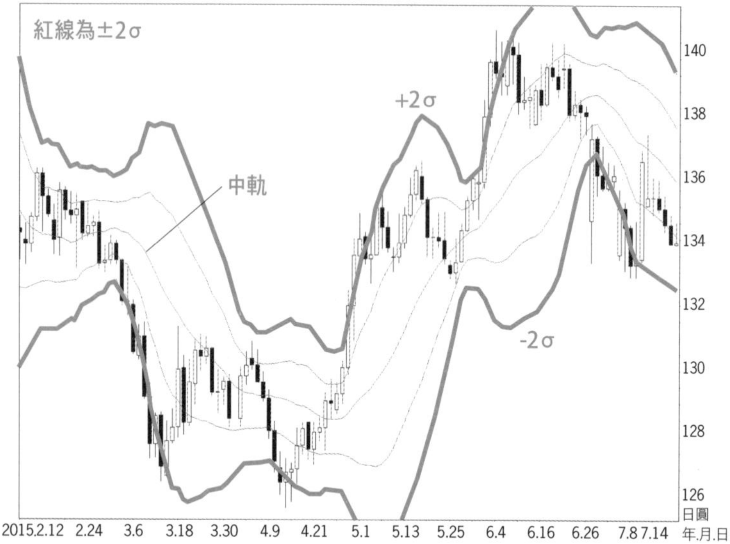

歐元／日圓的日線圖

紅線（上側）是布林通道的+2σ（sigma）上軌，紅線（下側）是-2σ（sigma）下軌。K線收在兩條線之間區域的機率為95.5%。幾乎大部分K線都會落在±2σ之間。同樣地，+2σ可以理解成偏差值70，而-2σ則是偏差值30。

「單邊行情」、「震盪行情」、「猶豫行情」

終於要正式進入市場行情的部分了。

市場行情可分為「單邊行情」、「震盪行情」、「猶豫行情」三種。

市面上有些書籍只把行情分為單邊行情跟震盪行情，但市場行情並沒有那麼簡單，還存在著無法分類為單邊或震盪，「難以判斷」的行情。這就是猶豫行情。

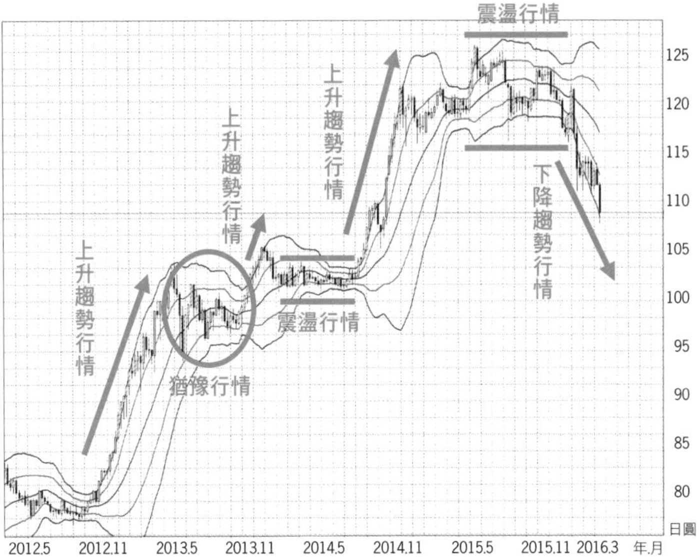

美元／日圓的週線圖

上升趨勢和下降趨勢的行情很容易理解。而震盪行情則是價格在一定範圍間來回上下的行情。至於一眼看上去很難判斷的全都屬於猶豫行情。

本節各位只要先知道「行情可分為單邊行情、震盪行情和猶豫行情三種」就可以了。

關於單邊行情、震盪行情、猶豫行情各自到底是什麼樣子，就讓我們一起用圖表來看看吧。

上方的圖表是美元／日圓的週線圖。

所謂「單邊行情」，就是市場價格朝單一方向明顯移動的行情。單邊行情可分為價格明顯持續上揚的上升趨勢行情，或是持續下跌的下降趨勢行情。

順帶一提，下降趨勢和下跌趨勢是一樣的意思。

至於「震盪行情」，英文寫作「Range Bound」，一如「Range」代表「範圍」的意思，也就是價格在一定範圍內來回震盪的行情。

而猶豫行情，就是不屬於單邊行情也不屬於震盪行情的市場狀態。簡單地說，就是難以判斷的行情。

基本分析和技術分析都只是工具

健康比生命更重要？

誠司，你覺得健康和生命，哪個比較重要呢？

誠司 當然是生命。因為人要活著才有健康可言啊。

一般人應該都是這麼想的吧。可是，這世上也有人「為了健康即使丟掉性命也無所謂」。雖然聽起來很荒謬，但這可一點都不是在開玩笑。

過度追求健康，反而把身體搞壞的人可是大有人在。像是為了身體健康而服藥過度反致傷身的人、為了健身而減重卻反而變得不健康的人、

為了治病而接受治療，結果身體反而撐不住而提早離世的人。

誠司 也就是所謂的本末倒置吧。我可能也曾犯過相同的毛病。

問題出在目的和手段的錯亂。明明是為了恢復健康這個目的才開始吃藥這個手段的，結果不知不覺間反過來把吃藥當成目的。

外匯市場也有很多類似的案例。其中最顯著的，就是「基本分析」和「技術分析」。

基本分析的基本（fundamental）有「根本」、「基礎」、「原則」的意思。複數形的「fundamentals」可理解為「推動市場的各種根本因素」。

與此相對的，技術分析的技術（technical）一如其名，就是技術性的分析。換言之，就是使用圖表分析價格的變化。

重要的是，無論基本分析或技術分析，充其量都只是一種用來了解市場的手段。

然而，很多投資人卻把這些手段當成了目的。

關於基本分析和技術分析到底是什麼，又該如何使用，我們將在下一節詳細地解釋。

◆阿健小叮嚀MEMO 15◆

○基本分析和技術分析不是目的，而是手段

基本面的本質在利率、信用、市場話題

那麼首先來說說基本面（fundamentals）。

誠司，聽到基本面這個詞，會讓你聯想到什麼呢？

誠司 經濟新聞，或是美國的就業率報告之類的。

大部分的人也都跟你一樣，可是，基本面的核心，並不是以經濟新聞或美國就業率報告為代表的這些經濟指標。

基本面或許是受到誤解最深的概念。

很多人以為基本分析的內涵就是研究經濟新聞、重要人士的發言、經濟指標，但那麼做其實是無法獲利的。

新聞在被大家知道的瞬間就已經不再是新聞（不新了），很多時候反而是在市場動作後才被發佈。

統計報告的結果無法被預測，假如真的依據經濟指標去交易，由於大戶的機構投資者和避險基金往往第一時間就會動作，散戶的個人投資者是很難跟上的。

而重要人士的發言，內容常常在改變，就算密切關注也是浪費精力。

真的要每天追蹤這些消息倒也無所謂，但在那之前，我認為應該先從根本上理解什麼是基本面。

泰造先生，您認為基本面的本質是什麼呢？

泰造　基本面，借用阿健老師的話，就是「根本的要素」對吧？貨幣最根本的要素，應該是利率吧？

泰造先生說的一點也沒錯。

利率是第一個。其他還有兩個，加起來一共有三個要素。各位覺得其他還有什麼呢？

真由子　除了利率，嗯……是國家經濟嗎？

很接近正確答案了。

更精準地說，是「信用」。評斷一個國家經濟好壞的依歸，最終還是信用。信用也可以換成「信任」。

一個國家有沒有信用，是最根本重要的事情。

關於信用的高低，可以參考信評機構的信評等級。例如美國的標準普爾（S&P）、穆迪（Moody's）、歐美系的惠譽國際（Fitch Ratings）等知名信評公司。但這世上不存在100%客觀的信評方式，所以在參考時應了解這些評估也包含了很多主觀的成分。

既然如此，為何還要參考這些信用評等呢？因為這些信用評等的重要性不在於正確與否，而在於它們是很多機構投資者的投資判斷依據。

接著第三個是「市場話題」。

在各個時代的各個時期，都存在著市場最關注的題材。例如安倍經濟學，或是雷曼風暴、希臘國債危機、歐元危機、新興國家貨幣衝擊等。而最近幾年則有英國脫歐和「川普行情」。

◆阿健小叮嚀MEMO 16◆

○基本面的本質在於利率、信用、市場話題

「利率」的起源可追溯至數千年前。幾乎在貨幣經濟出現的同時，「利息」和「利率」的概念就開始在人類社會蔓延。

利率的概念雖然早在資本主義經濟興起前就已出現，但特別是對資本主義而言，就像根幹一樣重要。

而「信用」的意思，就是在國際社會中，一個國家受其他國家信賴的程度。簡單來說，就是其他國家是不是相信那個國家「不會破產」、「不會違約」。

一個國家擁有好的信用，其他國家就愈願意借錢給它，收取的利息也愈低。從這個角度來看，信用跟利率其實是密不可分的。

真由子 就跟房屋貸款一樣呢。

沒錯。所以說只要理解房貸的原理就能理解基本面，這個說法一點也不誇張。

下一頁我替各位統整了基本面的重點。

基本面的基礎，在於利率、信用、市場話題這三個部分。

令人驚訝的是，不少專業的分析師和金融策略師，也都以為基本面就是重要人士的發言和經濟新聞。而這些人的評論分析常常偏離重點。

因此，分析師和策略師對市場的預測大多都不準確。

基本分析一言以蔽之，就是判斷「投資該國能不能獲利」。

說到底，無論是利率、信用還是市場話題，分析到最後還是要回到這個問題。

外匯的基本面只有利率、信用、市場話題三個部分！
除此之外的都是衍生要素。

基本面總是跑在前頭

那麼，基本面該如何用來幫助實際交易呢？其實，顯示市場變化的圖表跟基本面之間存在著十分有趣的關係。誠司，你知道是什麼關係嗎？

誠司 老師的意思是圖表跟基本面其實是相關的嗎？嗯……我不曉得耶。

基本面先於圖表而存在，所以基本分析不依賴圖表。

無論有沒有圖表，基本面都一直存在。只要使用該貨幣的國家、地區和經濟共同體存在，基本面就不會失去意義。

如果以圖表為基準的話，由於基本面先於圖表而存在，所以我們又稱其為「先行指標」。

阿健小叮嚀 MEMO 17

○ 基本面是市場的先行指標

基本面的特徵，在於它比實際價格跑得更前面。基本面良好的貨幣，其價值往往要過一段時間才會被市場發現。換言之，從基本面的實際狀態到反應在市場價格上，中間存在著時間差。

一個全新的產品上市的時候，從上市日到大眾開始排隊搶購，往往存在著一小段時間延遲。同樣的道理，市場也需要一段時間才能認識貨幣的真實價值。

基本面不佳的貨幣也一樣，需要一陣子市場才能認識其真實的價值。

而且，這個時間差永遠也不會被追上。

一個貨幣即使基本面良好，價格也不會馬上上升，需要過一段時間後才會開始升值。這個時間差可能是數天，也可能是數個月。

之所以說基本面是先行指標，也有這層意義。

因此在實際的交易中，發現某個基本面優秀的貨幣突然暴跌時，就應該毫不猶豫地買進。這是一種非常優秀的投資戰略，因為基本面優秀的貨幣即使一時暴跌，過一段時間也會逐漸漲回其應有的價值。

技術面總是遲到

接著要說的是技術面。

日本的個體投資戶中，重視技術面的人比例遠比重視基本面的人要多得多。所謂的技術面，更精準地說應該是技術分析。

誠司，你認為技術面有什麼特徵呢？

誠司 阿健老師剛才說過基本面不依賴圖表。這麼說的話，技術面的特徵就是依賴圖表吧。

沒有錯！技術面的特徵，就在於依賴圖表。沒有圖表的話，就不可能進行技術分析。

誠司，那麼我再考考你，若只有左列的資訊，我們可以進行技術分析嗎？

【美元／日圓　114．8日圓】

從K線進行技術分析

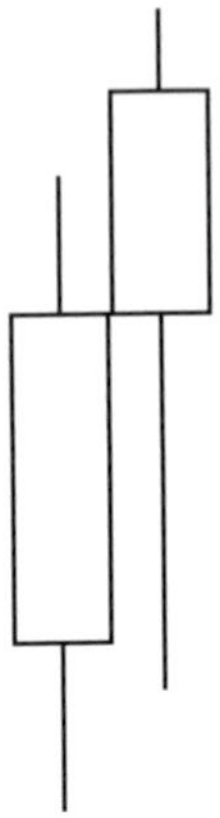

誠司　不行！只有這點資訊是看不出來的。

那麼再看看上面的圖。這樣能進行技術分析嗎？

誠司　這張圖只有兩條K線。沒有任何技術指標，所以也不能進行技術分析。

是這樣嗎？其實就算只有幾條K線，也可以做技術分析喔。

從K線進行技術分析

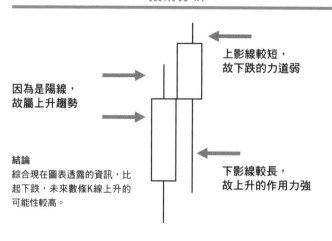

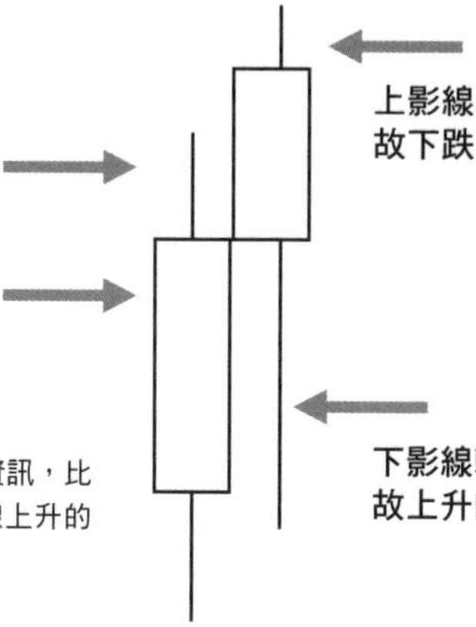
上影線較短，故下跌的力道弱
因為是陽線，故屬上升趨勢
下影線較長，故上升的作用力強

結論

綜合現在圖表透露的資訊，比起下跌，未來數條K線上升的可能性較高。

請回想我們不久前說過的Ｋ線的看法。然後再看一遍１３９頁的一條日線從起始到完成的過程。

只要知道一條Ｋ線形成的過程，即使只有一條Ｋ線，我們也能從中獲得大量的訊息。

只要有圖表，就能做技術分析。

唯有圖表先存在，技術分析才有可能成立，所以技術面也可稱為「滯後指標」。

阿健小叮嚀MEMO 18

○技術面是市場的滯後指標

目前，在技術分析的領域中，以使用技術指標的分析法較為普遍。

本節我們將以其中最流行的指標之一「移動平均線」為例，替各位講解技術分析的特徵。

移動平均線雖然非常流行，但好不好用卻是另外一回事。話雖如此，無論好壞與否，由於這種指標可以很好地凸顯技術分析的特徵，所以我們才選擇移動平均線作為講解的題材。

下一頁圖表的紅線為21移動平均線（中軌）。過去21條K線收盤價的平均值，就是現在移動平均線的位置。

順帶一提，這個數值不一定要是21。技術上無論設成5、25或100都沒關係。各位可以根據自己想求出過去多長時間的平均值，自由調整這個數值。

藉由圖表了解現在的價格是高是低、未來上升的可能性是大是小、應該在哪裡買進（賣出）等資訊，就是技術分析在做的事。而移動平均線就是進行技術分析時所需的材料。

以21移動平均線為例，就是根據過去21條K線提供的資訊，來分析市場當前的情

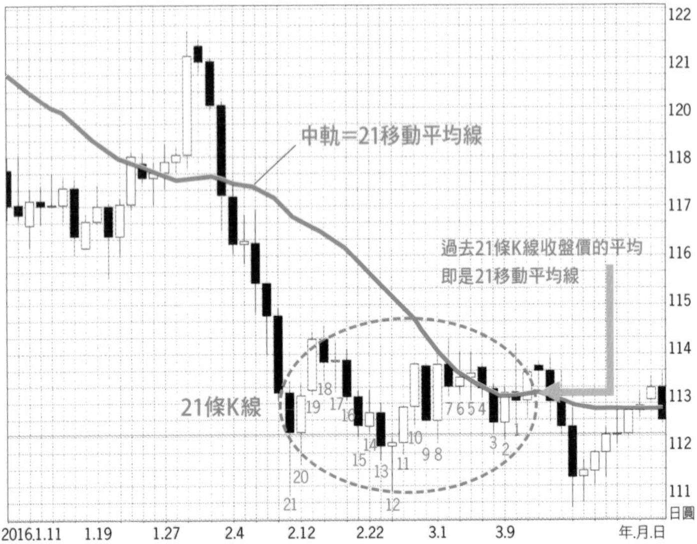

移動平均線顯示的是過去特定數量K線的收盤價平均價格。從K線落在移動平均線的上方或下方，我們就可以看出現在的價格比過去平均價高或低。21移動平均線（中軌）則是過去21條K線收盤價的平均價格。

況。

真由子 換句話說，如果沒有過去的圖表，就不能分析現在和未來是嗎？

正是如此。因為技術分析必須根據過去的圖表才能進行，所以不論怎麼分析都只能得出滯後的資訊。這就是為什麼我們說「技術面是滯後指標」。

基本面和技術面顯示了什麼？

如果說基本面是先行指標，而技術面是滯後指標，那麼我們還少了一個並行指標（現在指標）。

泰造先生，這問題比較難一點，請問您知道什麼是並行指標（現在指標）嗎？

泰造 不，我覺得自己好像能理解阿健老師的意思。如果基本面總是跑在市場前面，而技術面則稍微落後於市場，那麼我們要如何得知現在的市場，也就是當前的情況呢？老師的意思是我們還少了這部分的情報吧。

也就是說要找到基本分析和技術分析的中間值，是這樣嗎？在基本分析和技術分析之間尋找平衡點？

謝謝您的回答，泰造先生。這麼想的確很符合常理。只要均衡運用基本分析和技術分析，就可以在市場上獲勝……您是這麼想的吧。

可是，這麼做的話不僅會讓操作變得太複雜，更容易變得看不見本質。

無論基本分析或技術分析都只是一種手段，這點我們在一開始就說過了。這麼說來，在手段跟手段之間尋找平衡點，不覺得這句話聽起來很奇怪嗎？

泰造 真的耶，這樣一來手段就變成目的了！

我們投資人想知道的，不是市場的基本面也不是技術面，而是當前市場的真正情況。更直截了當地說，也就是該怎麼操作才能賺錢。

我們是為了得知這點，才進行基本分析和技術分析的。

但是，很多人卻不曉得使用基本分析和技術分析的根本目的，盲目地執著於這些分析方法。

真由子小姐，能請妳告訴我該怎麼投資才會賺錢嗎？

真由子 就是用第一天提到的「成功模式」對吧！

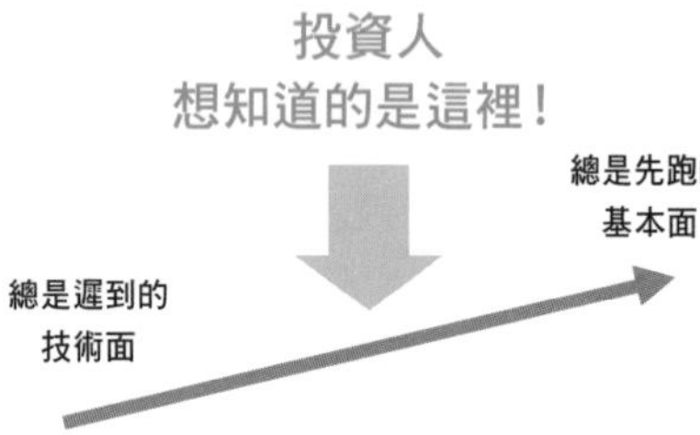

沒有錯。關於「成功模式」的內容，我們會在明天講解，請大家再忍耐一下！

基本面得到的資訊容易超前市場，而技術面則落後於市場。請各位今天要牢牢記住這句話。

無論如何，都不能誤以為只要用基本分析或技術分析就一定能賺錢。

專家也容易誤解的基本面

一如前面提過的，基本面的基礎是利率、信用、市場話題。

然而，很多外匯的投資專家卻不知道這件事。

真由子 咦、是真的嗎？那外匯投資專家都是以什麼為基礎來分析呢？

其實他們什麼都沒在分析（笑）。

聽起來很像開玩笑，但他們其實只是根據當時的市場氛圍判斷趨勢，然後隨便寫寫或講講而已。

真由子　咦——??

泰造　這句話恐怕很有爭議吧。

當然不是所有人都這樣。

不過，由於一般的外匯投資專家根本不進場交易，所以比起市場會如何變化，他們更在意的是自己的文章能不能討好市場關係人。

我再重複一次，外匯市場的基本面是利率、信用、市場話題。

而這三者是不會在短時間內頻繁變化的。

昨天市場上還瀰漫著預測今後會升息的氣氛，到了今天突然就變成預測會降息，這種情況是非常非常少見的。

還有，某國財政和經濟的信用評等，也不會以一個月為單位不停調整。而市場話題雖然會因重要性而異，但一個話題最少都能發酵數個月。

然而，外匯分析師和策略師每週、甚至是每天都必須寫出新的文章。因此，他們只好努力尋找話題的材料。

而這些材料就是各國政要的發言、各種大大小小的經濟指標以及討論度較高的國際大事。

儘管這類話題中也存在少數暗示了基本面本質變化的重要指標，但當中大部分都是「雜訊」。

因為這些雜訊每週、每天都會出現，追隨專家分析的一般投資人很容易會被這些消息耍得團團轉。

這麼說對信任專家的分析和情報的交易者可能有點冒犯，但光是依賴那些資訊是不可能在市場上獲勝的。

泰造 理論的部分我可以理解，但可以請老師舉幾個具體的例子嗎？

當然沒問題。

最近的例子，就是自2015年9月至2016年1月期間，澳幣／美元跌破0·7美元的關卡（漂亮的整數價格）。

當時，很多分析師都對中國經濟和澳洲經濟抱持悲觀的態度。這些分析師的評論和分析，幾乎每次都不脫「中國經濟減速風險」、「澳幣加速下跌（澳幣還會跌更多喔！）」、「澳幣下看0·6，甚至0·5美元」等言論。

這裡要稍微補充一下，現在各界一般認為澳幣的價格與中國經濟息息相關。中國經濟不好的話，澳幣就會貶值；中國經濟強的話，澳幣就容易升值。

但並不是從以前開始就一直是這樣，充其量只是目前有此關聯，無法保證未來也會持續相關。

股票市場、黃金市場、原油市場、日圓市場、美元市場等等，在各個世代都曾互相出現過正相關（一方上漲則另一方跟著上漲）或逆相關（一方上漲則另一方下跌）的關係。

沒錯，所以當遇到澳幣貶值時，分析師們才一面倒地出現「中國經濟下滑」、「中國經濟硬著陸」、「中國不穩」、「澳洲經濟低迷」等言論，斷言澳洲的基本面不佳。

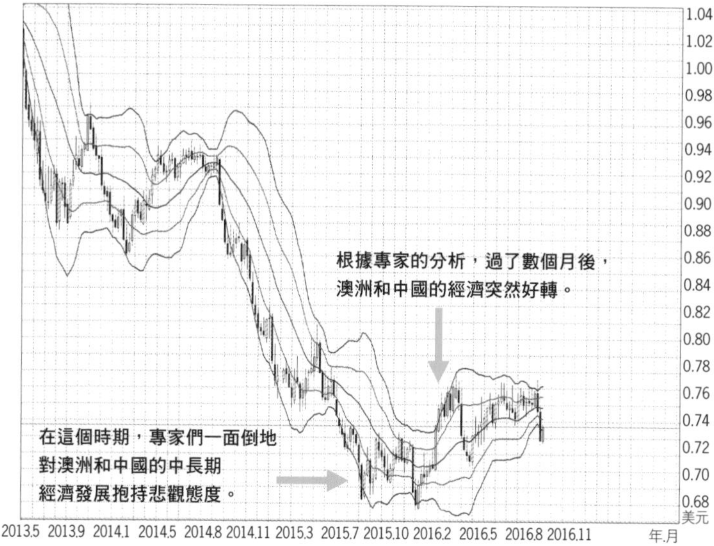

澳幣／美元的週線圖（期間：2013年5月～2016年11月）

然而到了2016年3月，澳幣／美元重新站回0．7美元，一路上揚來到接近0．75美元的水準後，大家又全都見風轉舵，開始高喊「中國景氣改善」、「中國政府推出經濟改善政策」、「澳洲經濟好轉」等，一夕之間改變基本分析的論調。

前面已經說過，經濟的基本面，是不會在一個月或兩個月之內急速改變的。

實際上，澳洲經濟的基本面在2015年末與2016年3月時，幾乎沒有什麼變化。一直都十分良好。

然而，因為匯率變低就感到不安，開始高呼「澳洲的基本面不佳（澳洲的經濟不佳）」，可說是完全忘記了基本面的本質。

中國政府投資基礎建設改善景氣的政策，也早在2015年的時候就已經開始了。只不過這些分析師當時沒放在心上（應該說當時的氣氛普遍認為就算端出應變措施也無濟於事）而已。

外匯專家口中的基本面，有時根本就不是基本面。

說到這裡，我想出個作文測驗考考大家。

真由子 咦——!?作文嗎？

別擔心，只是國中程度的填空題而已。

我會給大家5分鐘的時間，請泰造先生和誠司也一起挑戰看看。

Question 請閱讀下列文章，從選項中選出符合文中語意的詞彙填入（1）～（4）中。每個詞彙都可以重複使用。

a 上午的外匯市場澳幣湧入大量買單。儘管中國6月的製造業PMI指數（1）市場預期，但連續四個月（2）50的基準值，使市場抱持樂觀態度。

b 上午的外匯市場澳幣湧入大量賣單。儘管中國6月的製造業PMI指數連續四個月（3）50的基準值，但仍（4）市場預期，使市場抱持悲觀態度。

（選項：高於／低於）

「樂觀」和「悲觀」的意思大家都明白嗎？又是專門術語很討厭對吧。只要在分析時使用這種特殊用語，就能使人產生理解市場的感覺，讓文章的可信度增加，真的很不可思議呢。

使用特殊用語迷惑讀者，或許是專業市場分析師的天性吧。

順帶一提，ＰＭＩ指數是對各行業的採購經理人實施問卷調查，將訂單狀況、生產量、雇用率等狀態數據化後的經濟指標。超過50的話代表有所改善，低於50則代表惡化。

那麼，真由子小姐，麻煩妳回答看看吧。

真由子 是。只要知道中文的文法，答案就呼之欲出了。再說選項才兩個而已（笑）。

a 上午的外匯市場澳幣湧入大量買單。儘管中國6月的製造業PMI指數（低於）市場預期，但連續四個月（高於）50的基準值，使市場抱持樂觀態度。

b 上午的外匯市場澳幣湧入大量賣單。儘管中國6月的製造業PMI指數連續四個月（高於）50的基準值，但仍（低於）市場預期，使市場抱持悲觀態度。

正確答案！

真由子小姐，a文中的澳幣是湧入買單，b文中是湧入賣單，請問兩段文章中的「中國6月的製造業PMI指數……」一句之後的文意，是一樣還是不一樣呢？

真由子 我想想喔。

a文的答案是「中國6月的製造業PMI指數低於市場預期」、「連續四個月高於50的基準值」；

b文的答案則是「中國6月的製造業PMI指數連續四個月高於50的基準值」、「但仍低於市場預期」。

啊，一樣耶……兩段文字的意思是一樣的。明明狀況一樣，一邊是湧入買單，另一邊卻是湧入賣單。

嗯，沒有錯。大家還記得我剛剛說過「要出個作文測驗」嗎？

這真的就是作文。

這兩篇文章其實是根據某家證券公司發佈的新聞評論稍稍修改而來的。

當市場湧入買單，也就是價格上漲的時候就用上漲的寫法；相反地，當市場下跌時就改用下跌的寫法。

無論市場是上漲還是下跌，其實都能用同一篇新聞或同樣的經濟指標數字來解釋。因此無論遇到何種行情，都能靠作文自圓其說。

所以，絕不能盲目相信分析師的評論。

當日沖銷、短線波段交易和長期投資

95%的人用當日沖銷賺不到錢的原因

泰造先生，請問您有玩過當日沖銷（日內交易）嗎？

泰造 您是說每天盯著線圖好幾個小時，守在電腦前面追蹤市場價格的交易方法嗎？我剛開始接觸外匯的時候曾經用過當日沖銷，但現在幾乎不這樣做了。因為成果不太好看，我自己也在深切反省……。

不只是泰造先生，其實絕大多數的初學者好像也都以為外匯應該「先從當日沖銷」開始。

這恐怕是因為「說起外匯就想到當日沖銷」的資訊太過氾濫造成的吧。

新聞媒體上也常常強調「當日沖銷才是外匯的奧妙所在」，煽動投資人用高槓桿來進行交易。

（※請參考「第2天　先學習資訊素養與金融素養」）

這一點，在早期階段就察覺「當日沖銷不容易獲利」的泰造先生，其實算是很幸運的。

所謂的當日沖銷，就是從進場（第一筆交易）到結算（止盈或止損）全都在一天之內完成的操作方式，所以基本上，必須經常盯著電腦螢幕。

泰造先生還有本業要忙，應該很難做到吧？

泰造 是這樣沒錯……但因為很多廣告都宣傳「只要用零碎時間交易」、「一筆只要三分鐘就能獲利！」、「用手機也能交易」……那時候我是真的以為不用花很

多時間也能用當日沖銷的方法獲利。

現在冷靜想想，根本不可能有那麼容易的事。

這不是您的錯，泰造先生。因為網路上的推銷廣告，大多都是為了讓消費者「信以為真」而設計過的……。

然後，我們還必須認識當日沖銷的性質。

當日沖銷這種方法，如果不注意的話，很容易從「投資」變成「勞動」。因為盯著市場的時間愈長，回報就愈多，所以無論操作技術多麼高明的人，也必須付出一定程度的勞動時間；而想獲得更多利益的話，被綁在電腦前的時間也會跟著大幅增加。

如果不付出時間，想用當日沖銷獲利是很困難的。如果看到「不花時間的當日沖銷法！」這種廣告，最好先抱持懷疑的態度。

當然，也有人憑著天生的投資直覺和超乎尋常的努力，懂得用低風險又高效率的方式進行當日沖銷。

然而，其中雖然有人賺了大錢，但更多的卻是因為交易壓力太大，連自己的生活都無法好好打理的人。

再說，賺大錢的方法也不是只有這種。

泰造　真的嗎？請老師務必分享一下。

請看看下頁的圖表。這是澳幣／美元的月線圖。

被圓圈圈起來的部分，是波段的天花板和地板。無論是在天花板賣出，或是在地板買進，都能獲得巨大的利益。

在這張圖表中，由於是月線圖，所以1個月只會形成1條K線。因此從進場到獲利需要好幾個月的時間，然而投資報酬率卻非常亮眼。

例如在０．97美元的位置賣出澳幣／美元，然後在０．64美元的時候平倉，即使是1倍槓桿也能有投資金額的１．５１６倍，也就是50％以上的獲利表現。槓桿２倍的話，投資報酬率更超過１００％。

即使不押上高槓桿進行賭博式的操作，只要抓住這種「美味的時機」，即使用低槓桿倍率交易也能獲得巨大利益。而且一點也不花時間。

泰造先生，您知道澳幣／美元什麼時候曾經像這樣暴跌，然後又暴漲嗎？

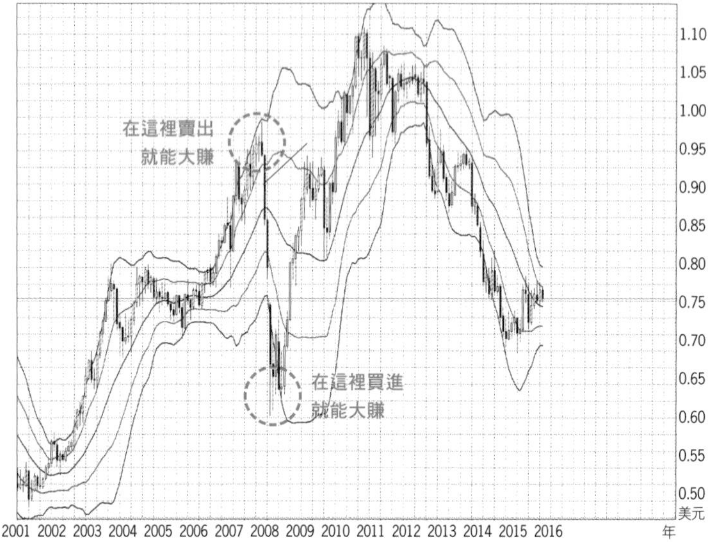

泰造 當然，就是雷曼事件的時候吧。

那麼，像雷曼事件那種大行情出現時，對用當日沖銷操作的人而言，是有利還是不利呢？

泰造 不利。不，與其說是不利，不如說我聽過很多人在一天之內就賠光保證金，失去所有財產。

俯瞰這張月線圖，我想各位應該都能感覺到哪裡漲得太誇張，哪裡又跌得太過頭。

可是用當日沖銷的投資人，因為眼光很容易只看到眼前的短時間K線，例如5分線、1小時線，結果錯失市場的大方向。

而且，市場愈是不穩定，短時間的K線就愈容易上下亂跑。

因為在超短線的操作中，停損單（止損[※12]用的限價單）不能設得太遙遠，所以很容易一直發生才剛買進或賣出，就馬上到達停損點的狀況。

然後回頭來看，才發現「那時候要是買了不要賣掉就能大賺一筆了」。為了「為什麼那裡要這麼敏感地操作呢」而感到後悔不已。

當日沖銷是在一天之內決勝負的操作方式。因此，即使遇到只要順著大潮流就能獲利的行情，也得反覆進行止損（確定損失）和止盈（獲利了結）[※13]，搞得自己神經衰弱。

很多人正是因為老是遇到停損而灰心喪氣，產生「我一直失敗是不是不適合投資呢……」的想法。

停損單（止損※12用的限價單）
當買進後價格下跌，或是賣出後價格上漲，防止損失超出預期的限價單。詳細請參照p.22。

停利單（止盈※13用的限價單）
在買進後價格上揚，或賣出後價格下跌時，確實平倉獲利了結用的限價單。詳細請參照p.24。

而且，工作忙碌的上班族無法一直盯著市場，在交易時很容易產生「我買了之後會不會就開始下跌啊？」、「會不會在我無法操作的時候價格一直上漲，錯過了行情呢？」的不安和焦慮心理，並為此煩惱。

泰造 阿健老師，您說的話我雖然明白，可是重要的應該是該怎麼做才能在買賣時抓到「最美味的時機」。要剛好在表中的圓圈處進行買賣，實際上應該很困難吧。

嗯，感謝泰造先生敏銳地指出問題。一般人都會有這樣的疑慮。

可是，其實有個方法可以判斷什麼時候是最好的買賣時機。那就是「成功模式」。這點我們會在後文詳細介紹，請再稍等一下喔。

資本利得：從長期投資獲得的非勞動所得

泰造先生，除了當日沖銷之外，請問其他還有哪些交易手法呢？

泰造 短期波段交易、長線交易，還有剝頭皮交易吧？

波段交易和長線交易的定義因人而異，但波段交易通常是在數天～數週內結算的交易手法。

長線交易則是以數週～數年為單位，長期持有部位讓獲利膨脹的交易手法。

至於剝頭皮則是數秒～數十秒，最長幾分鐘內就會平倉的交易手法。

謝謝您的解說，泰造先生。

正如泰造先生所言，一般為了方便我們會這樣區分，但有時也可能無法明確地劃分到底多長的時間屬於哪種交易手法。

例如剝頭皮和當沖就很難區別，波段交易和長線交易也沒有嚴格的分界點。

順帶一提，前面舉例的澳幣／美元的高處賣、低處買操作，由於可以持有部位長達數個月，故屬於長線交易的範疇。

長線交易與其說是一種操盤方式，不如說是一種「長期投資」。在一定時間內幾乎不去動它，在買進後耐心等待價格升值後再平倉；或是賣出後等待價格下跌後平倉。

長線交易的優點，在於不需要花費太多時間去觀察、分析線圖和頻繁下單。從花費的時間和獲利的CP值來看，是非常有效率的操作方式。

長期投資，或稱長線交易的操作手法，就是在大底買進，在高點賣出，持有可獲利的部位，並長時間持有該部位。

誠司 阿健老師，請問交易的手法該怎麼決定呢？

問得很好。

只要用適合自己的手法交易就可以了。同時用數種不同的手法操作也沒關係。

不過，唯有一點可以斷言的是，上班族、公司經營者、自營業者、專業主婦或有工作要養家餬口的人，並不適合當沖或剝頭皮這種操作。

真由子 這麼說來，幾乎大部分的人都不適合嘛。

的確是這樣。

適合當沖或剝頭皮的，只有專門靠外匯買賣維生的「專業交易員」，或工作時間比較自由的人。

最推薦在數天內結算的波段交易

最後是波段交易。

波段交易法，對專業交易員或一般人都很合適。

因為這種交易法不僅能在短時間內操作，而且除了數年一次、一年數次的大波段外，還可以每天都找到波段的「美味點」來獲利。

波段交易的定義也是千差萬別。

有人認為用1小時線的是波段交易，也有人認為日線以上才是。

我個人基本上是使用日線以上。使

交易風格的整理

短 ← 持有部位的時間 → 長

剝頭皮

數秒～數十秒，最長也只有數分鐘。賭博要素較強。

當日沖銷

當天結算的操作風格。使用的K線為1分線～4小時線。

波段交易

持有部位超過一天以上。靠市場上的大「波浪」獲利。

長線交易

持有部位的時間相對較長。有時甚至長達一年以上。

用1小時線的操作方式其實跟當沖沒兩樣。判斷兩者的基準，主要還是在操作的時間長度。我認為不緊盯著圖表就不能操作的交易，都算是當沖交易。

波段交易是使用日線，持有部位超過一天的操作風格。快的話1～2天，慢的話在數週內結算，獲利了結。

今日總結

❶ 市場的本質是「價格」、「時間」、「群眾心理」。

❷ 技術指標只要使用布林通道（21移動平均線、±1σ、±2σ等五條）就夠了。

❸ 技術面和基本面與獲利沒有直接關係。

❹ 忙碌的人很難用當日沖銷（日內交易）獲利。

❺ 波段交易適合所有類型的交易者。

家人是做當沖的犧牲者？

剛開始接觸外匯的時候，我做的主要也是當日沖銷。儘管經營公司十分忙碌，但時間比起上班族自由得多，所以我以為自己應該做得來。

我利用零碎的時間觀察圖表，尋找機會建立部位。因為是當沖交易，所以一旦建立部位後，直到平倉前都必須緊盯著市場。

直到後來發生某件事令我決定放棄當沖交易法，以前我一直沒有察覺這種交易方式真正的恐怖之處。每次回想起這段經歷，我都會羞愧地想找個洞鑽進去。

當時還只有3～4歲的女兒，跑進了我工作的房間，對著正盯著電腦螢幕的我說：「爸爸，要吃飯囉。」

我那時手上正持有買進部位，卻遇到Against（市場價格朝反方向移動，也就是下跌）。因為損失還未實現，所以我非常猶豫該不該提前止損。

因為我平時偶爾也會跟家人一同用餐，而且可愛的女兒特地跑來叫我，所以我就想「算了，應該沒關係吧」，離開了電腦前。

然而，在跟家人吃飯的時候，我卻「心不在焉」，內心依然放不下剛剛的部位。過了一會兒後，我的房間傳來「嗶咚、嗶咚」的聲響。

那是我事先設定好的警示音。一旦價格下跌到某個位置，就會自動發出通知。

我慌了起來。「咦、是市場出現急遽的變化嗎？」於是我急忙回到房間，眼看未實現損失愈來愈大，又開始認真思考該不該進行止損。

然後我的女兒又跑了進來。「爸爸，來一起吃飯嘛。」正為了損失額心煩意亂的我，忍不住對她怒吼了一聲「不要吵！」。

女兒無法理解我為什麼生氣，立刻哭了出來，跑回去找我妻子。

這時我才理解，以為可以用工作之餘從事當沖交易的自己，想法簡直大錯特錯。如果沒有犧牲與妻子和小孩的對話、與家人共餐，以及其他所有工作的覺悟，根本不該妄想從事當沖交易。我親身體悟了這點。

安倍經濟學
雷曼事件
LEHMAN BROTHERS

第4天

Day 4

平均勝率60%的神奇模式？

學會「成功模式」包你未來幾十年都能持續賺錢

交易手法與「成功模式」

被眼花撩亂的交易手法吸引來的普羅大眾

有種說法認為，日本的個人投資者高達9成都沒有賺錢。雖然很遺憾，但這句話恐怕是事實。

如同我們在第二天說過的，日本的外匯

投資者大多都缺乏資訊素養，遭到詐騙的比率也比其他國家多。

一如各位所知，日本的外匯投資業界，存在許多惡意詐取客戶金錢的黑心商人，環境還相當不成熟。所以對身為散戶的投資人而言，如何分析資訊、自主思考便顯得十分重要。

雖然嚴格說來不算詐欺，但幾乎跟詐欺沒兩樣的資訊販售網站，以及煽動投資人的欲望和不滿足感，吸引人入會的網路學校等等，各種例子不勝枚舉。

各位知道這些黑心商人，賣的大部分都是什麼東西嗎？

誠司　是「交易手法」吧。購買投資教材的人，以及報名網路學校的人，最後都是為了「能賺錢的手法」而掏錢的。我的朋友也曾為了嘗試各式各樣的交易手法而花了超過100萬日圓。

沒有錯。無論是網路，還是書店的投資理財專區，推銷的除了手法、手法還是手法。幾乎所有的作者和商人都會強調「我的手法與眾不同」、「用這個方法就能賺錢」……。

但最後，現實卻是高達9成的人無法在投資中獲利。

既然這個手法行不通，那就再換另一個手法；如果那個手法也不行，就再換下一個……這種像在尋寶一樣的投資人可說是多不勝數。

但無論嘗試多少種方法，結果都是一樣的。因為，光靠交易手法是賺不到錢的。這世上根本不存在任何人都能保證獲利的手法。

誠司 咦？不存在保證獲利的交易手法？應該還是存在一些吧。雖然不會賺錢的方法太多了，要找出能賺錢的很困難……。

不，任何人都能保證獲利的手法並不存在。一個都沒有。

世上不存在保證獲利的交易手法

真由子 可是，雖然有9成的人不獲利，但還有1成的人是獲利的吧？那些有獲利的人所使用的交易手法，難道不算是「保證獲利的手法」嗎？

的確是有某些人使用了那些手法後投資成功。然而，他們會成功不是因為他們的交易手法。他們之所以會成功，跟他們用了哪種交易手法，兩者不存在因果關係。

他們是因為建構了屬於自己的成功模式，所以才會成功。也因此，他們無論使用哪種手法都能賺錢。只不過他們偶然使用的交易手法，卻被商人們拿來大肆廣告和推銷而已。

使用相同的手法，卻有9成的人賺不到錢。因此，說那個手法特別優秀，只要照著做就能獲利，這個論點是站不住腳的。

真由子 不好意思，我想問個基本的問題。請問老師您說的「成功模式（勝ちパターン）」到底是什麼呢？

根據研究社出版的新英和中辭典，日語的パターン（Pattern）一詞有下列五種意義。

①思考、行為、文章的型態、樣式、模式
②圖案、紋路、花紋、圖形
③原型、模型、（裁縫的）紙型、鑄形、mockup
④（織物、壁紙等的）樣本、樣品

⑤模範、楷模

Pattern的意義可大致分成三個層面。

一是思考、行為、文章等的型態或樣式。二是製作物品所用的模型。三是供人仿效的模範。

而「成功模式」一詞，則包含全部三種意義。所謂的成功模式，就是以獲利為目的的模型（model）。

這個獲利用的模型，又可分成兩類。

一是「只要出現這種變化，就能獲利」，對自己有利的環境或發展。

二是「只要這麼操作，就能獲利」，為達成某目的而採取的行動和流程。

稱之為「勝利方程式」或許更為貼切。

由此可知，成功模式存在著外部因子（環境、變化）和內部因子（行動、流程）。

當這兩種因子齊聚時，成功模式便會發揮作用，提高成功（以投資而言就是獲利）的機率。

阿健小叮嚀 MEMO 19

○「成功模式」＝對自己有利的環境或發展（外部因子＝外在環境）公式化的流程（內部因子＝自己的行動）

真由子小姐，妳對棒球有興趣嗎？

真由子 現在幾乎不會看了。但家父是廣島東洋鯉魚隊的球迷，離開娘家前常常被拉著一起看呢（笑）。

原來真由子小姐是廣島人啊。

那麼妳應該有看過廣島—阪神的比賽才對。

以前在阪神的球迷間曾經流行過「ＪＦＫ」這個詞。也就是威廉斯（Jeff Williams）、藤川（Fujikawa）、久保田（Kubota）三位球員的羅馬拼音縮寫。他們三人接力上場擔任投手的時候，阪神曾創下17連勝的紀錄。

根據阪神拿到聯盟冠軍的2005年的資料，JFK三人到齊登板的比賽，勝率高達8成以上。

讓JFK三人登板——這就相當於交易的手法。然而阪神隊的「成功模式」，是在有勝算的賽況中讓JFK登板。

前面說過，「成功模式」存在外部因子和內部因子。內部因子，也就是自己採取的行動，在此例中就是讓JFK三人登板投球；但除此之外，還需要外部因子，也就是外在環境的配合。

而這個環境，就是「可以讓JFK登板的賽況發展」。

如果在三人上場前阪神已是0比10落

後，無論讓ＪＦＫ登板多少次，贏得比賽的機率也微乎其微。

站在教練的角度，當然不可能在沒有勝算的比賽中，把三位重要的王牌投手送上投手丘。光是讓ＪＦＫ三人上場投球，不足以使成功模式運轉；必須到第五局或第六局時領先，或者至少同分的狀況下，「成功模式」才能發揮作用。

能帶來利益的只有「成功模式」

棒球的例子稍微講得長了一點，但這樣大家應該都理解了吧？

真由子　是，完全理解了。

泰造先生和誠司呢？

泰造　用棒球比賽當例子真的很好懂呢。感覺成功模式不只是外匯，也可以運用在工作中。

您說得沒錯，泰造先生。成功模式的思考方式，是普遍適用的。所以除了用在投資獲利外，也能用於其他大部分領域的工作。

誠司　我也明白為什麼阿健老師會說「要獲利不能光憑手法，還必須建立成功模式」了。

那真是太好了！

外匯投資的「成功模式」，同時需要「市場發展＝圖表線形」的外在環境，以及「容易獲利的進場時機、下單方法和退場機制（止盈、止損）」等一連串的行動流程。

無論出現多麼漂亮的圖表線形，不採取行動的話就賺不到錢；而無論採取的行動多麼完美，在根本環境不利的情況下，獲利的可能性也會大幅下降。

使用何種手法來交易都無所謂，但不能因為學會了該手法就放心，應該努力用該手法去建構自己的「成功模式」。

能帶來獲利的，只有「成功模式」而已。

真由子　也就是在有利的局面投入最強的武器對吧。如果把交易手法想成武器的操作方法，就能理解為何沒有成功模式便無法獲利了。

交易手法跟「成功模式」有何差別？

那麼，接著來統整一下交易手法跟成功模式的不同吧。

所謂的交易手法，一如字面，就是交易時所用的「手法」和「方法」。手法有成千上百種，有優秀的也有拙劣的，三六九等、什麼都有。

○使用3條移動平均線的手法
○使用一目均衡表的手法
○使用MACD（技術指標的一種）的黃金交叉的手法
○使用點數圖的手法
○使用輔助線的手法

除此之外還有很多，其中也有許多不明所以的方法，

○「1次3分鐘就能獲利的手法」
○「把10萬元變成1億元的手法」

等等……。

要了解手法和成功模式的不同，最簡單易懂的例子就是減肥。減肥也跟投資一樣，有各種五花八門的手法（方法）呢。真由子小姐，妳知道哪些方法呢？

真由子 首先有無糖減肥法。然後還有吃減肥藥、重訓、瑜伽、按摩。另外雖然不知道算不算減肥法，但我還知道有人用抽脂的方法。

種類真的很多呢。此外還有只要睡覺就能瘦的方法、只喝湯不吃飯的方法，以及很久以前流行過的蘋果減肥法喔。

這些全部都是減肥的手法。那麼，接著問題來了，請問使用了這些減肥法的人，是不是全部都能成功減肥呢？

真由子 應該很難吧。多數都會失敗，就算真的成功了，復胖的例子也很多。意志力不夠強的話就很難堅持下去，要真的瘦下來沒那麼簡單。

沒錯，那就是手法的極限。所謂的手法，終究只是一種手段，能不能成功還要看使用者。真的能成功減肥的人，無論用什麼方法都能瘦下來；而做不到的人，無論怎麼嘗試大概都會以失敗收場。

減肥同樣也需要「成功模式」。也就是在減肥時選擇成功率高的「戰術」，以及行為模式。

意志力不夠就無法堅持下去。那麼，該如何擬定可持續的減肥計畫呢？工作忙碌的人沒有時間運動。那麼，該如何擠出運動的時間呢？因為工作的關係必須經常外食。那麼，該如何在飲食中降低卡路里和糖分的攝取量呢？

將這些戰術一個一個組合起來，一步步達成減重的目標，就是所謂的「成功模式」。

為了瘦下來，我們需要的不是教人減肥手法（方法）的書，而是明確自己減肥的

動機，並能確實採取行動。

外匯交易的世界也一樣。

然而，很多投資人都有一種誤解，以為只要模仿投資名人的手法，自己也能像他們一樣賺錢，相信只要使用最優秀的手法就能成功。抱持那種觀念，即使真的發現了優秀的方法，也無法發揮該方法的優勢。

確立「成功模式」比什麼都來得重要。

誠司　阿健老師只要一說到「成功模式」就會很激動呢（笑）。

這是當然的，誠司。因為這是要在外匯投資中獲利，基礎中的基礎，最中心的概念。不明白這個概念的人，很難在外匯市場上獲利。

而這也是我最想告訴大家的觀念。

一如205頁的說明，「成功模式」必須在市場環境的外部因子和可獲利的行動流程的內部因子配合下才能成立。說明得更詳細一點，也就是網羅以下要件，並打造出有系統的投資模型。

《外部因子》

○圖表分析

○洞悉市場心理

○情境規劃

《內部因子》

○退場戰略（何時止盈（獲利了結）或止損（確定損失））

○判斷進場時機（何時、在何種場面進場買賣）

○買單和賣單的運用

○判斷退場時機

○資金管理（部位管理）

○自我管理（心理管理）

○最佳化勝率和風險回報率（損益比）

此外，還有一個被很多人誤解的概念。那就是「交易規則」。

交易規則和「成功模式」有何差別？

所謂的交易規則，就是交易時的「自我規範」。

幾乎所有投資者都會訂定一套「如果這樣的話就停損」、「如果那樣的話就停利」、「遇到這種場面就不進場」等，給自己遵守的交易規範。如果沒有一套那樣的規範，投資就跟賭博沒有兩樣。

交易規則不具重現性。因為每種不同的交易風格、投資者的性格，以及投資者的生活型態，都需要不同的交易規則。

只適用於特定某個人的規範，就是所謂的交易規則。建立交易規則雖然很重要，但光是建立交易規則當然不可能獲利。

相反地，「成功模式」則具有重現性和普遍性。

阿健小叮嚀MEMO 20

- ○交易手法和交易規則都只是「成功模式」的一部分
- ○光靠交易手法無法獲利
- ○光靠交易規則也一樣不會獲利

只要這麼做就會賺錢！「成功模式『Mission 001』」

趨勢（潮流）一定有終點

好了，接下來終於要開始介紹成功模式的具體內涵。

首先是利用市場物極必反性質的「成功模式」，我稱之為「Mission 001」。

在我的身邊，有很多人光靠「Mission 001」就能每個月賺到豐厚的利潤。因為這是相當簡單，且具有重現性、普遍性的「成功模式」。

真由子小姐，妳覺得一種時尚會永遠流行下去嗎？

真由子 不。去年最尖端的時尚流行，往往到了今年就落伍了。流行這種東西，一定會在某個時間結束。對了對了，我還聽過流行每隔二十年就會捲土重來的說法喔。

是的。正因為有開始有結束，所以才稱作流行。

流行的英文是「Trend（趨勢）」。而在投資的世界，「趨勢」這個詞是每個人一定得認識的重要知識。例如「上升趨勢」或「下跌趨勢」等用法。

好比美元／日圓持續上漲的「上升趨勢」會不會永遠持續？真由子小姐剛才的回答就是正確答案。

趨勢一定會在某個時間點畫下句點。下跌趨勢也一樣。

我想各位都聽過「雷曼兄弟倒閉危機」和「希臘國債危機」吧？

在金融風暴發生的時候，市場往往被「會不會一直跌下去？」、「會不會再也漲不回來了？」的絕望感支配。

然而，一直跌到谷底再也沒有漲回來的情況，歷史上一次也沒發生過。

連一次例外都沒有過。所有趨勢都一定有終點。

◆阿健小叮嚀 MEMO 21◆

○趨勢一定會結束

強大的趨勢要結束時必伴隨強大的反作用力

真由子小姐，那我再問妳一個問題。流行時間長的潮流和流行時間短的潮流，在流行退燒後被人完全摒棄的時間，有什麼不一樣呢？還有，流行力道強的潮流和流行力道弱的潮流，又有什麼不同呢？

真由子 流行退燒後，被摒棄的時間長短嗎……我想流行時間愈長的話，被大家摒棄的時間也會比較長吧。

還有流行的強度愈高，退燒後也愈容易被大家摒棄。

爆發性流行，退燒的反作用力也會很強。因為這類潮流很容易給人「已經看到審美疲勞不想再看見」的感覺。

真由子小姐，妳剛剛說的一點都沒錯。而這個認知正是外匯投資獲利的關鍵。

整理之後如下。

◎流行有強有弱，愈強的流行退燒後的反作用力（反彈回檔）愈強。（外匯說的「強流行（趨

勢）」，指的是上升或下跌幅度極大，且持續時間長。）

◎我們無法預測流行何時會結束，但我們可以透過流行的長短和強弱，某種程度上預測退燒後要過多少時間才會再次流行。

真由子小姐，如果流行退燒後，妳不想再穿那件衣服，打算把它拿去網路上賣掉，應該什麼時候拿去賣可以賣最多錢呢？

真由子 雖然在流行退燒前賣是最好的，但如果要在退流行後拿出來賣，應該是「愈早賣愈好」吧。

要是錯過了時機，可能就再也賣不掉了。

對，正是如此。把同樣的邏輯套用在投資上，就能幫助我們獲利。

所以一旦發現趨勢結束，便應立刻脫手結算。

這就是「成功模式『Mission ００１』」的核心思維。

使用日線收盤價謹慎進行判斷，一天不交易超過30分鐘

另外，還有一件很重要的事情要告訴各位。那就是用「成功模式」投資時所用的K線時間軸。

要花多少時間在投資上是每個人的自由，但我建議一天的時間盡量控制在30分鐘以內。至於交易時段，選擇早上或晚上都沒關係。

不論你是上班族、一邊照顧孩子還要一邊工作的女性、又或是必須在家照顧家人的人，無論多麼忙碌，如果無法在市場上獲利就沒有意義。而且控制在30分鐘以內，即使上了年紀也能一輩子做下去。

想把交易時間控制在一天30分鐘以內，使用日線以上的K線圖會比較容易操作。此外，操作時一定要注意收盤價的部分。

誠司　老師說的是第三天提過的「K線收盤價」吧。也就是以紐約市場的收市時間為基準的最終價格對吧。

是的。

以每天只會更新一次的「日線收盤價」為基準，除了一天只需要追蹤一次圖表之外，由於是在收盤價確定後才採取行動，還可以用猜拳後出的優勢來獲利。

不僅如此，以收盤價為基準來操作，最大的優點是可以放大獲利。

接下來要解說的「Mission 001」，在止盈（獲利了結）[※13]的時候也是先確定收盤價後才進行。因為是收盤價，所以不需要預先設定麻煩又複雜的止盈（獲利了結）規則；在市場暴跌或暴漲的時候，還能賺到意想不到的利益。因為我們是在大的波動發生後才進行止盈（獲利了結）。

8條K線以內屬於弱流行（趨勢），而9條K線以上屬於強流行（趨勢）。交易的時候，請只在強趨勢的時候進場。不論K線的時間軸是4小時線、日線、週線或月線都一樣。

K線的時間軸可以直接在畫面上點選切換。

日線、週線和月線的方向有時會出現矛盾。例如月線出現「Mission 001」的「買進」訊號，日線卻出現「Mission 001」的「賣出」訊號，就算出現這種情況也不稀奇。

真由子　單看月線雖然價格很低，但從日線來看卻是高點，所以還不是買進的時機。是這個意思嗎？

是，正是如此。

由於同一種貨幣對，可能會有日線出現買進、月線卻出現賣出訊號這種買賣訊號矛盾的情況，造成混亂，所以最好把日線、週線、月線的交易分成不同帳戶來操作。

隨著交易方式的不同，參照的圖表類型也不一樣。

真由子 阿健老師，不好意思我又有個問題。請問為什麼要選K線9條以上的趨勢呢？8條和9條有什麼差嗎？

這是根據過去十年的圖表統計出來的數字。巨幅的波動出現前，必定會先出現強力的趨勢；但要判斷趨勢的強弱，必須先定義幾條K線以上算強。

分析過去的技術圖表後，我們發現9條以上趨勢約有7成機率出現反彈，而8條以下則不到7成。

換言之，以9條K線為基準，反彈出現的機率最高。而9條和10條則沒有太大的差異。

所以我們才以「9條以上」為準。當然這只是機率的問題，不可能百分之百準確，故不需要太過鑽牛角尖。

真由子 原來如此。8條和9條的差別，就是反彈出現的機率吧。所以持續9條以上就可以視為強力的趨勢！

要判斷趨勢是否仍在繼續，或是已經結束，就得用到布林通道的+1σ（sigma）

做多的情況

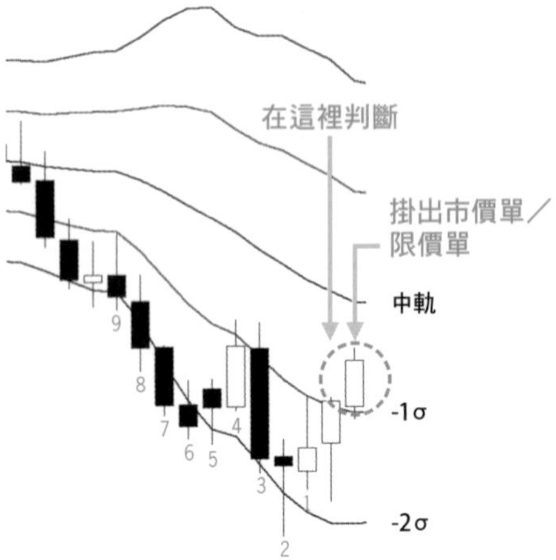

首先，找出連續9條K線的收盤價在-1σ下方遊走的線形。然後等待收盤價向上突破-1σ的買進信號。確認突破的K線出現後，在下一根K線形成時掛出買單。

和-1σ（sigma）。+1σ相當於偏差值60的線，而-1σ相當於偏差值40的線。

止盈（獲利了結）[※13]的基準是布林通道的+2σ和-2σ。請先記住賣出的話就是在價格到達-2σ時止盈（獲利了結），買進的話則是在+2σ止盈（獲利了結）。+2σ相當於偏差值70的線，而-2σ相當於偏差值30的線。

此外也有可能出現價格不太波動的狀況。遇到這種情形時的策略，我們會在229頁

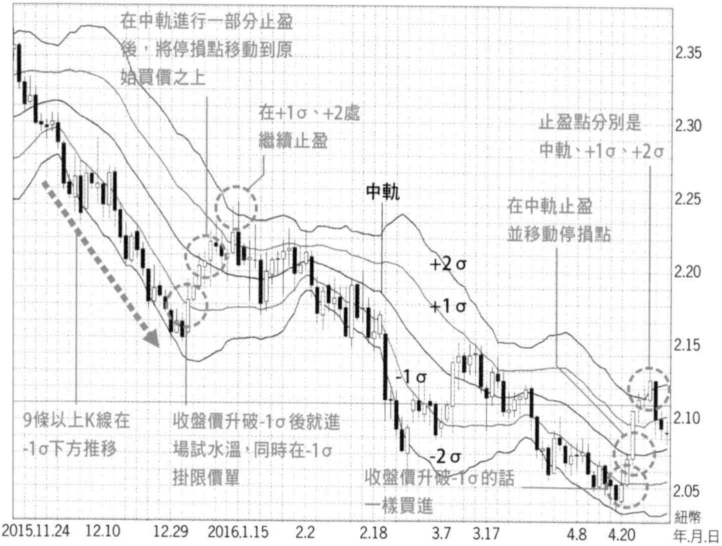
在中軌進行一部分止盈
後，將停損點移動到原
始買價之上
在+1σ、+2處
繼續止盈
止盈點分別是
中軌、+1σ、+2σ
中軌
在中軌止盈
並移動停損點
+2σ
+1σ
-1σ
-2σ
9條以上K線在
-1σ下方推移
收盤價升破-1σ後就進
場試水溫，同時在-1σ
掛限價單
收盤價升破-1σ的話
一樣買進
2.35
2.30
2.25
2.20
2.15
2.10
2.05
紐幣
2015.11.24
12.10
12.29
2016.1.15
2.2
2.18
3.7
3.17
4.8
4.20
年.月.日

一如圖中虛線箭頭所示，發現連續9條以上的K線符合條件後即可「買進」。首先掛出市價單（用市價買進），同時為了能用更低的價格買進，在-1σ附近掛限價單。所謂的限價單，就是當價格上升至特定價格時賣出、或下跌至特定價格時買進，可預先指定成交價格的預約單。

說明。

外匯保證金交易是一種可以買單進場，也可以賣單進場的投資。換言之就是「趁價格便宜時買進，等升值後轉賣」和「趁價格昂貴時賣出，待貶值後買回」。

兩種交易的原理是一樣的。買進來的一定要賣掉，賣出去的一定要買回，否則就不會實現獲利，請務必要記住這點。

那麼首先說明買進方向的「Mission 001」。

買進方向的「Mission 001」不需要想得太困難，總而言之盯好-1σ這條線就對了。

一旦在下跌趨勢的行情中發現K線遊走在-1σ的下面，便可以開始熱身準備。若K線連續下跌9條以上，接著只要等待收盤價重新向上突破-1σ，我們就可以進場了。

很簡單對不對？

真由子　對啊，阿健老師。這麼簡單的話，感覺我也辦得到。

然後等價格上升到中軌的位置，就先賣出一半的部位（目前保有的貨幣對），進行獲利了結，確保獲利。不需要事先在中軌

設定停利單，等確定收盤價後再手動操作就可以了。

還有，不需要吹毛求疵地剛好抓在中軌線上。只要「大概在中軌線附近」就行了。運用布林通道的其他基準線時也一樣。

泰造 請問為什麼是賣出一半呢？

因為我們不曉得市場價格會上升到哪裡。

好不容易價格上來了，我們就先在中軌的位置了結一半的部位，確保一定程度的獲利。如果後面價格繼續往上，我們的獲利還是會增加；但就算轉向下跌，因為我們已經先賣了一半的部位，所以也沒有損失。

一旦止盈（獲利了結）後，接著就要馬上

把「停損點」移動到原始買價之上。這是為了避免好不容易止盈了，最後卻還是以虧損收場。

如果價格繼續上升到+1σ、+2σ的位置，就可以分批賣出剩下的部位，獲利了結。

就算價格上升到中軌線就上不去也不用擔心。因為我們已經把「停損點」移動到原始買價之上，所以跌下來也不會虧損。之後無論價格往上走或往下走我們都有得賺，可以高枕無憂。

而當收盤價跌至-1σ之下，或是到達買進時預先設定好的「停損點」時，就是止損的時候。

【「Mission 001」——做多　總整理】

◆**環境**：有9條以上的K線在-1σ之下遊走後，收盤價向上突破-1σ時就要注意！

◆**投資槓桿**：單次交易0．5倍左右，最高不超過1倍。

★全體帳戶資金的3倍以內。例如外匯帳戶內若有保證金100萬，操作金額最多不應超過300萬。請絕對不要超過3倍以上，否則風險太高。

◆**進場**：以目標買賣金額的4分之1用市價單試水溫（以當時的市場價格稍微買進，觀察情況）。

剩下的4分之3則以低於試水溫～稍低於-1σ之間的價格掛買進的限價單。

★之所以不一次買完，是為了防止買進後轉跌。

◆**止損**（認賠退場）：為避免損失擴大而提前平倉之意。收盤價跌破-1σ的時候／停損單（止損用的限價單）可設定在-2σ附近。

◆**止盈**（獲利了結）：市價來到中軌線附近時，賣出手上的部位＝持有貨幣對的一半；在+1σ附近再賣出4分之1；+2σ附近再賣出最後4分之1。

★因為不曉得市場會漲到什麼程度，故分批止盈。

◆**調高停損點**（停損單目標價）**的時機**：第一次止盈（獲利了結）的時候。為了防止虧損，將停損點移動至最初買進時的價格之上。

★在此時將停損點移動到買價之上的話，就算之後市場暴跌也還是有獲利。

◆**取消限價單的時機…**第一次止盈（獲利了結）的時候，或是將停損點移動到買價之上的時候。

◆**推薦K線週期…**日線以上（4小時以上亦可）。

◆**推薦交易時段…**任何時間皆可（但每天要在相同時間段）。

★想追求精確性的話，可在週線圖或月線圖呈上升基調時鎖定「Mission 001」的做多進場點。

接著讓我們來看看實際的圖表。請大家牢牢記住下面的線形（Pattern），直到連晚上睡覺都會夢到為止。

真由子 是，我知道了！（笑）

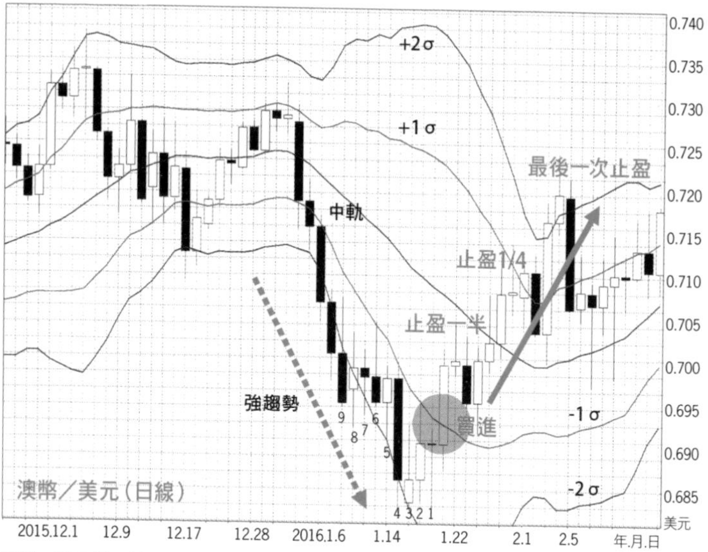

澳幣／美元的日線圖

一旦K線的收盤價升破-1σ，就在下一根K線掛出買單。在中軌止盈一半的部位（獲利了結），在+1σ止盈4分之1，在+2σ止盈最後4分之1。

泰造 計算遊走的K線數量時，是從升破-1σ的前一條K線開始往左算嗎？

從右往左或從左往右都可以，不過從右往左數比較不容易算錯，數起來也比較快。

從左往右數的話，常常會不曉得該從哪條K線開始數起，而且容易太過在意K線的數量本身。

只要有9條以上，不論20條或30條都是一樣的，所以從右往左數更有效率。

泰造 原來如此，這麼說來

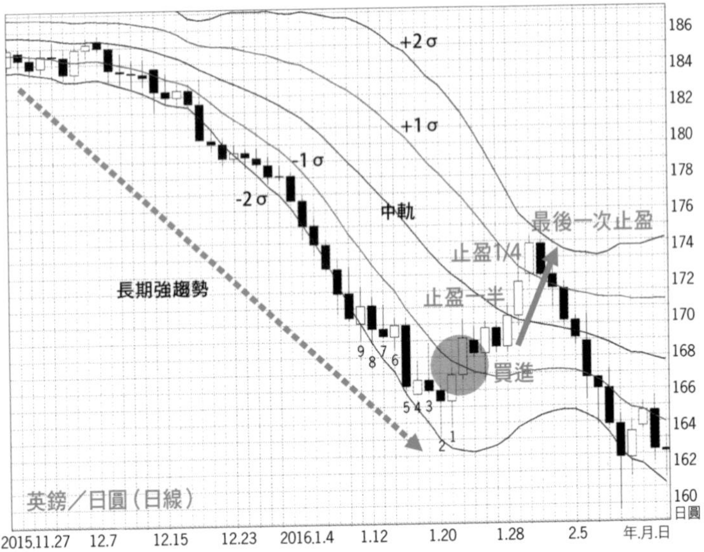

英鎊／日圓的日線圖

一旦K線的收盤價升破-1σ，就在下一根K線掛出買單。在中軌止盈一半的部位（獲利了結），在+1σ止盈4分之1，在+2σ止盈最後4分之1。

的確是這樣。

真由子 在「Mission 001」發生前的圖表，有一段很長的下跌呢。

對啊。通常趨勢持續愈長，升破-1σ時的反作用力就愈容易發生。

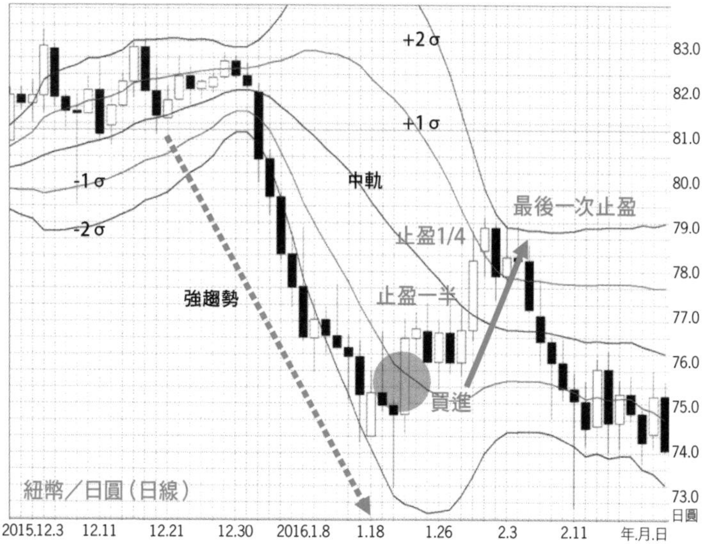

紐幣／日圓的日線圖

一旦K線的收盤價升破-1σ，就在下一根K線掛出買單。在中軌止盈一半的部位（獲利了結），在+1σ止盈4分之1，在+2σ止盈最後4分之1。

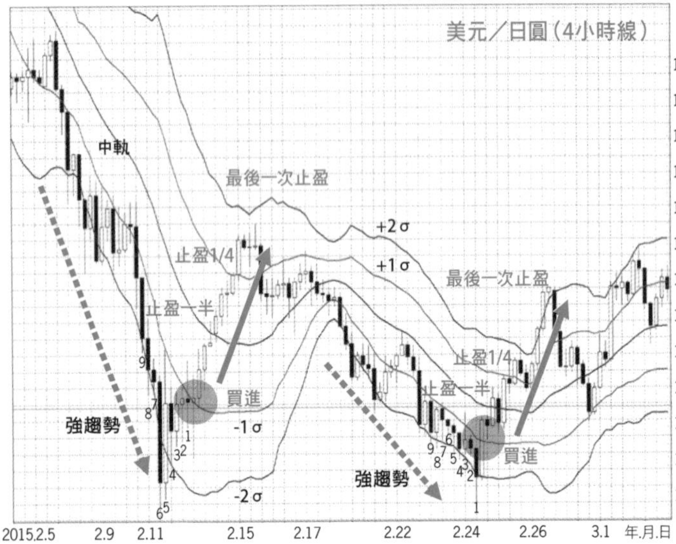

美元／日圓的4小時線圖

一張圖表上，出現了2次「Mission 001」。一旦K線的收盤價升破-1σ，就在下一根K線掛出買單。在中軌止盈一半的部位（獲利了結），在+1σ止盈4分之1，在+2σ止盈最後4分之1。

泰造 前一頁的「紐幣／日圓的日線圖」中，市價雖然一度突破-1σ，但後面幾根K線卻是橫盤移動呢。甚至還有下影線碰到-1σ的K線。

您的洞察力很好呢。

沒有錯。所以，只要將限價單價格設定在-1σ，這時就會自動買進，在低點買到了。

泰造 還有上面的「美元／日圓的4小時線圖」中，左側的「Mission 001」最後沒有碰到+2σ吧？這種時候又該怎麼決定止盈（獲利了結）的時

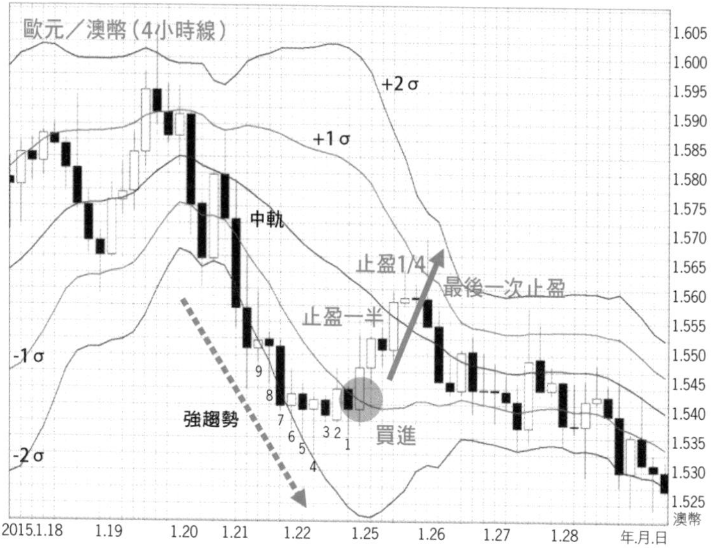

歐元／澳幣的4小時線圖

一旦K線的收盤價升破-1σ，就在下一根K線掛出買單。在中軌止盈一半的部位（獲利了結），在+1σ止盈4分之1，在+2σ止盈最後4分之1。

機呢？

當市價沒有到達+2σ的時候，只要把停損點調整至原始買價的上方，等價格跌下來時就會自動止盈，不需要擔心。

即使不等價格跌到停損點，也可以在市價回落至+1σ以下時，就當場手動進行止盈。

做空的情況（日線）

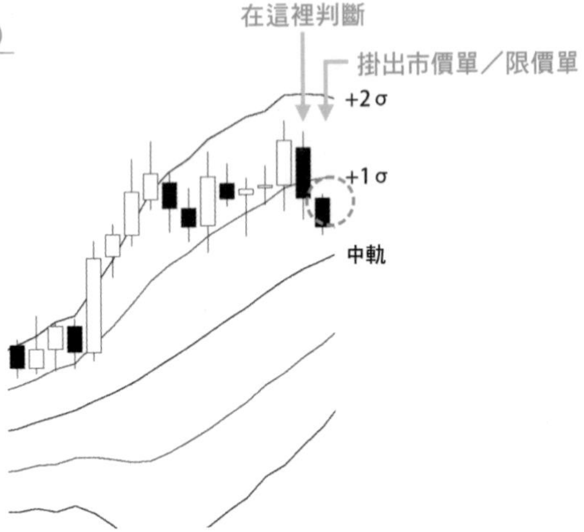

首先，找出連續9條K線的收盤價在+1σ上方遊走的線形。然後等待收盤價跌破+1σ的信號。確認突破的K線出現後，在下一根K線形成時掛出賣單。

「Mission 001」——做空（賣出）的情況

做空（賣出）的方法跟做多（買進）完全一樣。只是買賣的方向相反而已。

泰造先生，請問您聽過順勢交易（Trend follow）這個名詞嗎？

泰造 是，就是在趨勢出現後順著趨勢的方向建倉，也就是在上漲時買進、下跌時賣出，「順勢而行」的意思吧。

沒有錯。不過，很多投資者並沒有真正理解順勢的意思就使用順勢交易。例如很多人單純以為只要在上升趨勢中買進就是順勢，但這其實是很危險的事。

如果打算在明顯的上升趨勢中進場買進，就必須先預測趨勢的終點。沒有仔細考慮，看到上升趨勢就貿然買進，結果不小心買在天花板，價格馬上轉跌……這種例子是屢見不鮮。

然而使用「成功模式」的話，就完全不必臆測未來的走勢。因為「成功模式」的特色是用「猜拳後出」的原理來獲利。

泰造　只要這樣就可以獲利嗎!?

例如這個「Mission 001」，就不

需要預測趨勢會不會出現，也不必預測趨勢會持續到哪裡。

我們只需要觀察當時的價格動態，若上升趨勢結束的話，就用「猜拳後出」的方式賣出；若下跌趨勢結束的話，就用「猜拳後出」的方式買進即可。

也就是等9條K線結束在線上、線下遊走的狀態，在收盤價跌破+1 σ的時候賣出，在升破-1 σ的時候買進。

如果能靠這樣獲利，就再輕鬆也不過了。

泰造 就是說啊。

關於順勢交易，還有一點要補充。

坊間無論哪本外匯投資書，幾乎都一致主張順勢操作。甚至宣稱「順勢操作是低風險、高報酬」。

然而事實真是如此嗎？

我反倒認為，順勢交易是種非常難掌握的交易手法。尤其是對初學者，我更不推薦使用這種方法。

因為常常有人一看見趨勢發生就立即進場，卻發現實際上趨勢根本不存在，落入趨勢陷阱[※18]（詳細請參照 p.25）。還有，在確定趨勢後進場已慢了一步，市場已進入盤整[※19]（詳細請參照 p.26）開始朝反方向移動，這種狀況也常常發生。

不過，在市場已經大幅上升或下跌過的震盪行情，即使是初學者也能輕鬆獲利。因為在這種行情中，不需要仔細地去研究趨勢存不存在。

還有，由於市場不會永遠朝同一個方向移動，一定會出現整理。所以我們只需要靜靜等待整理的時候到來。

請各位看看下一頁的圖表。

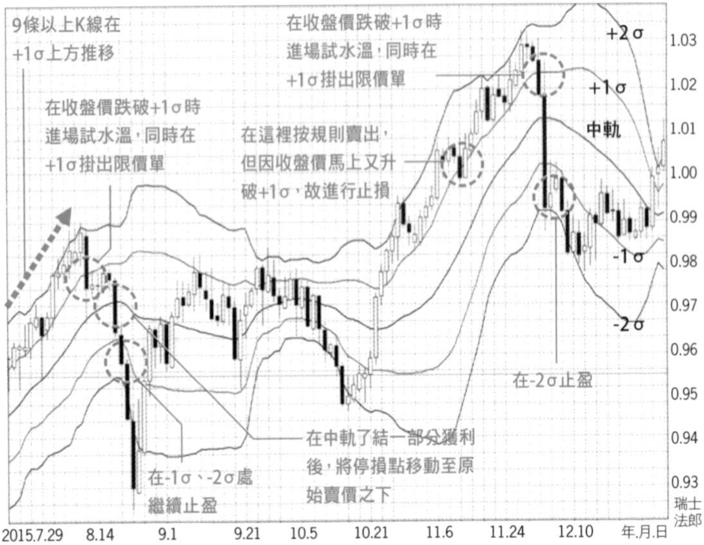

美元／瑞士法郎的日線圖

在圓圈所示的K線賣出。首先以市價單（當時的市場價格）掛賣單，同時在+1σ附近以限價單掛賣單。止盈應在收盤價確定的時候進行。右側的Mission 001（做空），由於價格一天之內就跌至-2σ，故不需在中軌和-1σ的位置先行止盈，可直接在-2σ一次獲利了結。獲利極高。

從這張圖表，可以看到共有三處連續9條K線的收盤價高於+1σ的區域。

第一處是圖表的左端，然後是中間稍微偏右，以及圖表的右端。我們可以在這三處的收盤價跌破+1σ的時候「賣出」。然後等價格下跌後止盈（獲利了結）。並在收盤價回漲至+1σ的時候止損。

即使看到收盤價跌破+1σ，也不要一次丟出全部賣單，而是先用市價單※20賣出一部分，再把剩下的資金用限價單[※21]將賣出價格設定在稍高於+1 σ的位置。

如何，一點都不難吧？

真由子 我已經等不及想快點開始下單了（笑）。只要符合停損規則（參考p.247），即使不想停損也應該確實停損，這個觀念很重要對吧？

沒錯。非常重要。即使說停損是投資最重要的觀念也不為過。停損既是將損失控制在最小的保險措施，更是保護獲利的必要對策。在「成功模式」中，我們可以透過調整停損單[※4]來保護獲利。

真由子 調整停損單的意思，就是移動停損點對嗎？

是的。這是非常重要的工作，所以我會一步一步為各位說明停損單的設定方法。以「Mission 001」的做空進場為例。無論是掛市價單（以市價交易）賣出，或是掛限價單（指定交易價格）賣出，在掛出賣單的同時皆應一併掛出停損單和停利單。

停損單即是止損用的限價單，而停利單是止盈用的限價單。下單的時候一定要三單同時設定，缺一不可。

阿健小叮嚀 MEMO 22

下單時一定要三單皆備！

○賣單（根據當時市價買賣的「市價單」，或依照指定價格交易的「限價單」）

○停損用的買單（止損用的限價單）

○停利用的買單（止盈用的限價單）

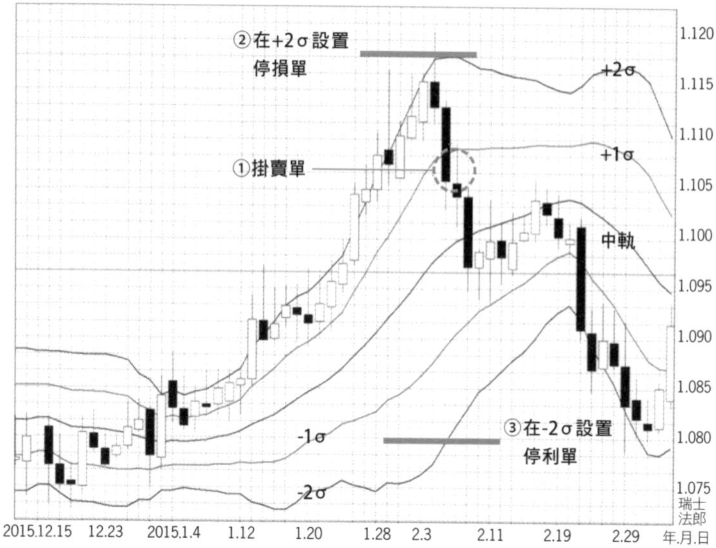

歐元／瑞士法郎的日線圖

「Mission 001（做空）」出現。在收盤價跌破+1σ後的下一根K線掛出賣單。停損單在+2σ，停利單在-2σ。

這次的示範由於是「Mission 001（做空）」的模式，故本體要掛的是賣單，並同時掛出止損和止盈用的反向交易買單。

而「Mission 001（做多）」的時候就反過來。本體掛買單，然後停損單和停利單則反過來掛賣單。

在上面的圖表中，我們用圖示解說了停損單和停利單應設置在什麼位置。

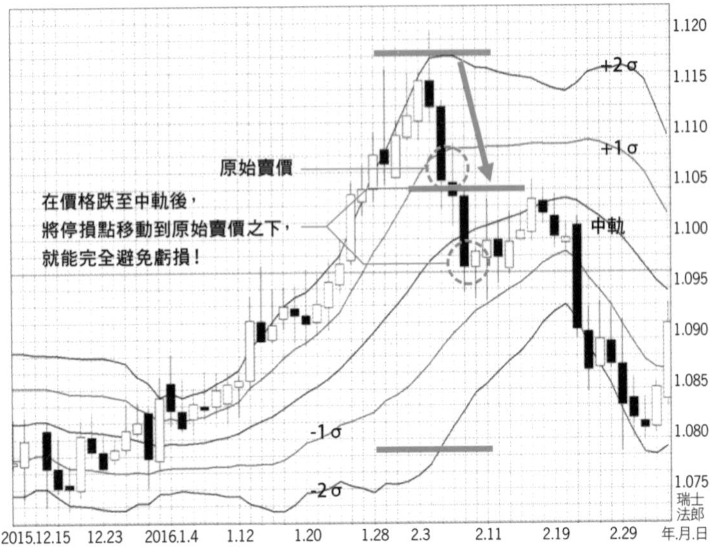

歐元／瑞士法郎的日線圖

一旦收盤價跌破中軌，就將原本在+2σ的停損點移動到原始賣價之下，如此一來無論市場上揚或下跌都可以確保獲利。

建立空頭（賣出）部位後，若價格跌落至中軌線，為了在市場驟變時守住未實現的利益，我們需要將停損點移動到原始賣價之下。

上面的圖表說明了應如何移動停損點。

這麼一來，各位應該都理解「Mission 001」的操作順序了吧。

「Mission 001」最重要的部分，就是利用布林通道的+1σ和-1σ的特性。

我個人認為+1σ（-1σ）

在布林通道的5條線中尤其重要。誠司，請問你知道為什麼嗎？

誠司　我明明為了不被老師點到而刻意移開視線了說（笑）。

算了，不開玩笑，看過阿健老師先前講解時舉例的那幾張圖表，我發現當價格跨過+1σ（-1σ）的時候，市場就會出現180度的大轉變呢。

答得太好了，誠司。我想告訴各位的正是這點。

當價格跨越+1σ（-1σ）時，市場的面貌的確會發生巨大的改變。

真由子　可是，這是為什麼呢？

問得好！這是因為+1σ是在低點買進

的投資人們進行停利，以及買在高點被套牢的投資人們停損的基準位置。

一旦價格跌破+1σ，買方就會丟出止盈的停利賣單和止損的停損賣單，同時新進場的投資人也會大量掛出賣單，所以市場急速下跌的機率很高。

做多的時候則相反。-1σ是行情的轉換點和分歧點。一旦價格漲破-1σ，市場便有高機率因為相同的邏輯而一口氣上漲。

此外，要用「Mission 001」獲利，還有一個不可欠缺的要素。那就是……

泰造 是投資槓桿吧。

答對了。投資槓桿建議最高不要超過帳戶總保證金的3倍，一般建議以1～2倍以內為佳。由於有時我們可能會同時操作多個貨幣對，故單一貨幣對（1單）的槓桿建議在0.5倍。

已經習慣用高槓桿操作的人，可能會覺得這樣的槓桿太低了。不過這樣的槓桿倍率就已經可以賺到很多，所以不用擔心。

【「Mission 001」——做空　總整理】

◆**環境**…有9條以上的K線在+1σ之上遊走後，收盤價向下跌破+1σ時就要注意！

◆**投資槓桿**…單次交易0.5倍左右，最高不超過1倍。

★帳戶內總保證金的1倍以內。

◆**進場**…先以目標買賣金額的4分之1用市價單試水溫（以當時的市場價格稍微賣出，觀察情況）。

剩下的4分之3則以高於試水溫～稍高於+1σ之間的價格掛賣出的限價單。

★之所以不一次賣完，是為了防止賣出後轉升。

◆**止損**（認賠退場）…收盤價漲破+1σ的時候／停損單（止損用的限價單）可設定在+2σ附近。

◆**止盈**（獲利了結）…市價來到中軌線附近時賣出一半部位；在-1σ附近再賣出4分之1；-2σ附近再賣出最後4分之1。

＊因為不曉得市場會跌到什麼程度，故分批止盈。

◆調低停損點（停損單目標價）的時機…第一次止盈（獲利了結）的時候。

★在此時將停損點移動到原始賣價之下的話，就算之後市場急升也還是有獲利。

◆取消限價單的時機…第一次止盈（獲利了結）的時候，或是將停損點移動到賣價之下的時候。

◆推薦K線週期…日線以上（4小時以上亦可）。

◆推薦交易時段…任何時間皆可（但每天要在相同時間段）。

★想追求精確性的話，可在週線圖或月線圖呈下跌基調時鎖定「Mission 001」的做空進場點。

Mission001　實例圖表

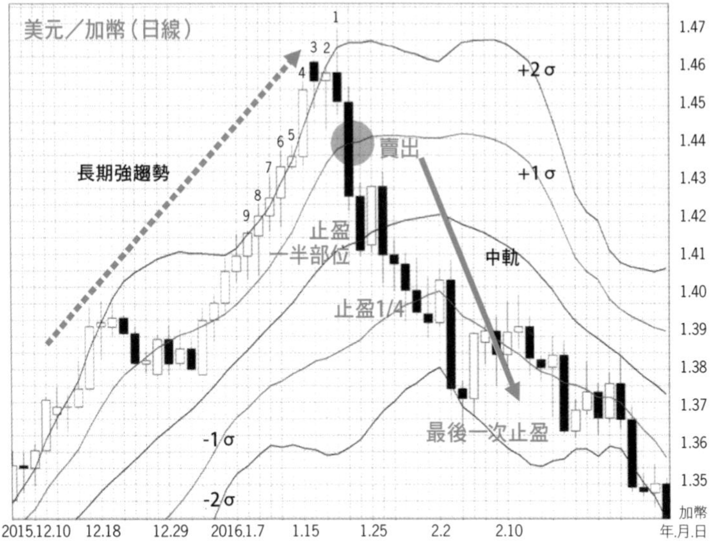

美元／加幣的日線圖

一旦K線的收盤價跌破+1σ，就在下一根K線掛出賣單。在中軌止盈一半的部位（獲利了結），在-1σ止盈4分之1，在-2σ止盈最後4分之1。

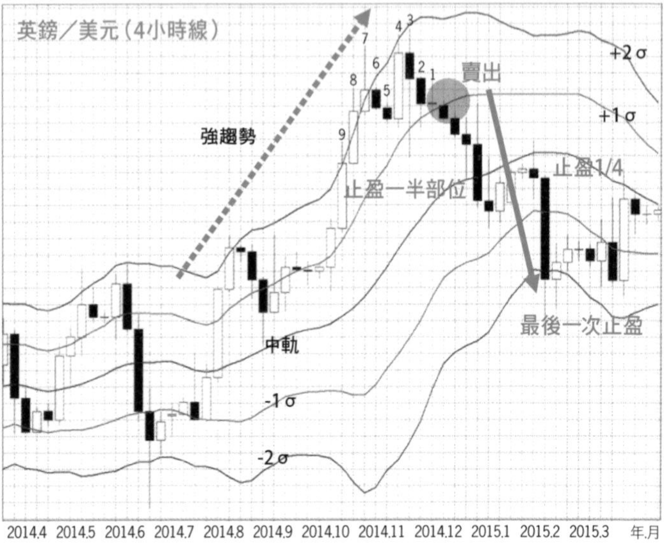

英鎊／美元的4小時線圖

一旦K線的收盤價跌破+1σ，就在下一根K線掛出賣單。在中軌止盈一半的部位（獲利了結），在-1σ止盈4分之1，在-2σ止盈最後4分之1。

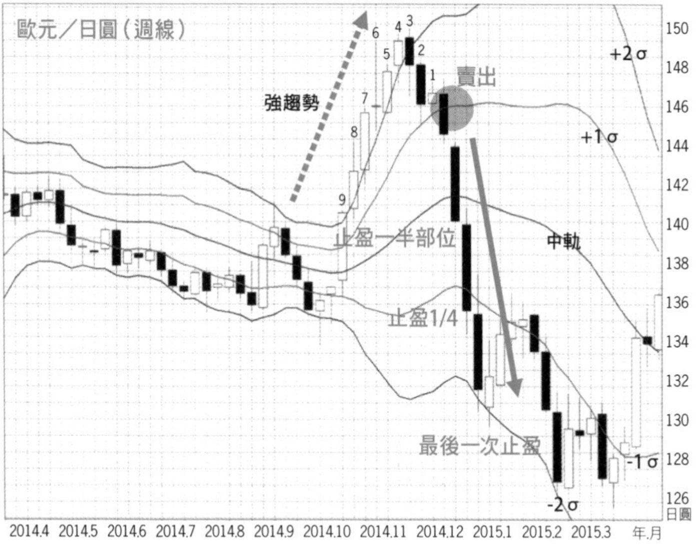

歐元／日圓的週線圖

一旦K線的收盤價跌破+1σ，就在下一根K線掛出賣單。在中軌止盈一半的部位（獲利了結），在-1σ止盈4分之1，在-2σ止盈最後4分之1。

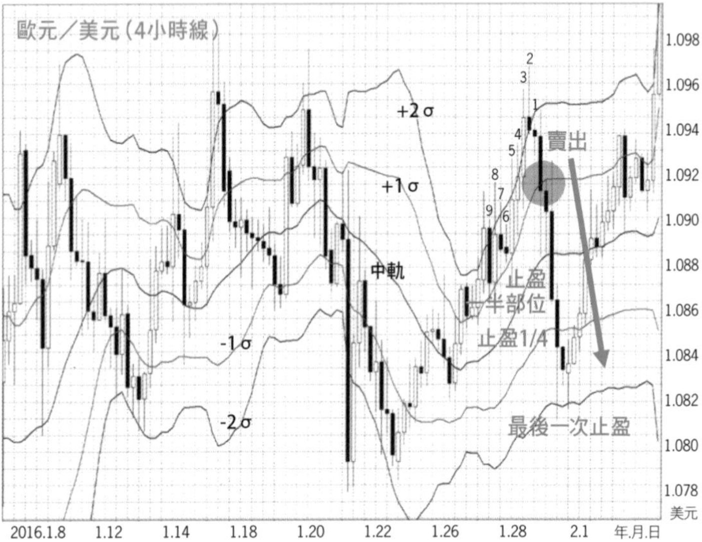

歐元／美元的4小時線圖

一旦K線的收盤價跌破+1σ，就在下一根K線掛出賣單。在中軌止盈一半的部位（獲利了結），在-1σ止盈4分之1，在-2σ止盈最後4分之1。

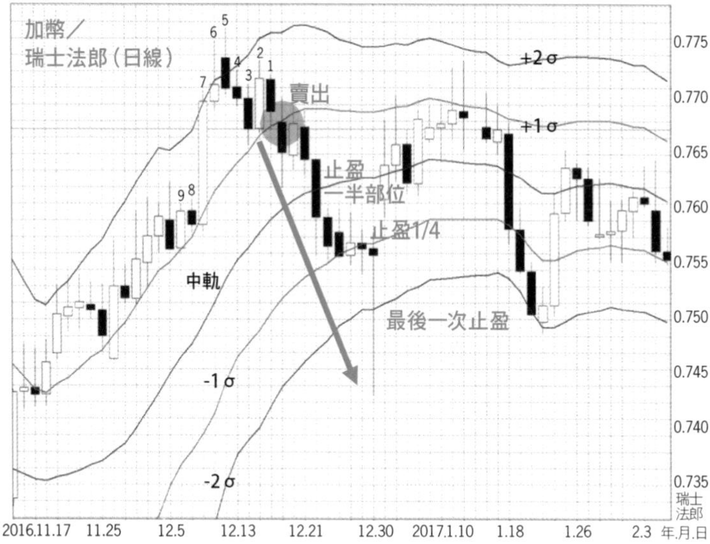

加幣／瑞士法郎的日線圖

一旦K線的收盤價跌破+1σ，就在下一根K線掛出賣單。在中軌止盈一半的部位（獲利了結），在-1σ止盈4分之1，在-2σ止盈最後4分之1。

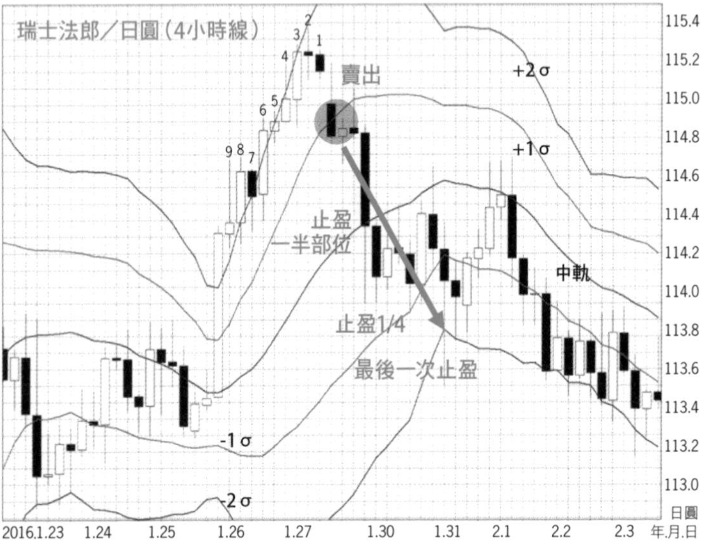

瑞士法郎／日圓的4小時線圖

一旦K線的收盤價跌破+1σ，就在下一根K線掛出賣單。在中軌止盈一半的部位（獲利了結），在-1σ止盈4分之1，在-2σ止盈最後4分之1。

真由子　但是，只在大的趨勢結束時進場交易的話，可以交易的機會不就很有限了嗎？

的確是這樣。自２０１３～２０１５年的三年間，在20種推薦貨幣對[※22]的日線圖中，「Mission ００１」只發生過２４４次。進一步分析的話，一共是１６８勝76敗，成功率為68.85%。

日線的「Mission ００１」每年平均出現81次。再加上週線、４小時線、１小時線，一年大概不下數千次。

即使只做日線，每年也有81次用「猜拳後出」的方式獲利的機會。

而做日線以上的波段交易的人，如果想獲得更多的交易機會，則可以用「Mission ００２」以後的「成功模式」。

為避免一次介紹太多造成混亂，所以這次沒有介紹，但Mission ００２之後的成功模式，還具有以下的功能。

在趨勢的起點進場、在震盪行情（價格來回波動的行情）中獲利、逢低買進和逢高賣出[※23]（詳細請參照p.26）、使不明朗的行情成為自己的助力、預判抵抗線、在谷底買進和在最高點賣出、長期投資。

這些成功模式都可以在我的線上課程和講座中找到。

例如「Mission ００２」就是能在趨勢剛出現時低價買進，在趨勢結束前高價脫手的成功模式（做空則相反）。

即使只學會００1和００2這兩種「成功模式」，也等於獲得了無論在趨勢的起點或終點都能獲利的武器。

當然，就算只知道００1，也完全有可能在外匯市場一輩子無往不利。所以，請各位不用擔心。

「10種成功模式」的誕生背景

一如「前言」提到的，我一直把「10種成功模式」當成神明賜給我的禮物。因為它們與其說是我創造的，更像是上天賜予的東西，所以我才產生了「想把這麼美好的事物傳授給更多人！」的想法。

理論結構非常簡單，單純只是打破看買賣訊號來操作的框架，套用可成功獲利的模型而已。

這個理論的背後，結合了非常多領域的學問和思維。市場學、成功法則、行為科學、教育學、心理學、哲學、邏輯學、統計學、經濟學、財務規劃。

承蒙眾多良師益友的幫助，我才得以學到這些。

關於市場的基礎，我的知識全部是跟前首席交易員柾木利彥先生學來的。我能在最短的時間內理解什麼是市場，都是多虧了柾木先生。

成功法則的部分則是來自CFP的松島修先生。我從松島先生那裡學到了「只挑軟柿子吃」的思考方式，以及布林通道的使用方法。

我還從人才教育的專家・福田充男先生身上，學會了如何通過投資和事業來教育人才。

然後是我的恩師谷口和男老師。我是個天資愚鈍的學生，如果不是跟著谷口老師學過哲學和邏輯，外匯投資成功模式的概念，恐怕永遠都不會成形。

此外我自己的人生歷練也有很大的影響。待過補教業的經歷，以及接觸財務管理教育和財務規劃，最後把它當成一生事業的經歷。

邂逅了現在的友人後，我才下定決心將10種成功模式推廣出去。我的商業夥伴・原裕二先生的一席話「這已經超越手法，變成一種成功模式了！」，使我決定了現在的方向。

還有那些花了兩年的時間，一起根據過去十年的圖表為我檢證了每種成功模式的勝率和獲利率的重要夥伴們。

我所學過的知識、經歷過的人生、以及提攜過我的夥伴，只要少了其中一者，「10種成功模式」恐怕就不會誕生。

第5天

Day 5

降低風險的法門

避免投資失敗該做的事與不該做的事

等待是成功的一半

投資30個標的每天獲利的機會

泰造先生、真由子小姐、誠司，可以請你們說說這世上有哪幾種貨幣嗎？

誠司　日幣、美元、英鎊、歐元、澳幣和紐西蘭幣……。

真由子　加拿大幣、人民幣、港幣。唔～嗯，然後還有瑞士法郎吧。其他還有俄羅斯盧布、韓圜、泰銖。剩下的讓給泰造先生說吧（笑）。

泰造　丹麥克朗、挪威克朗、瑞典克朗、南非蘭特、新加坡幣……剩下想不到了。

感謝各位舉了這麼多種！

幾種重要的貨幣大家都提到了。我們稍微整理一下吧！

投資外匯保證金交易的時候，建議避開次要的貨幣。

因為次要貨幣的投資者較少，市場流動性較低。

所謂流動性低，就是想買的時候可能沒有人（很少人）要賣，想賣的時候可能沒有人（很少人）買的狀態。

市場的流動性非常重要。所謂的市

場，必須同時有買家和賣家存在才能成立。

因此，舉例來說，當我順利賣出美元／日圓的時候，代表同時有人買進了美元／日圓。由於外匯的市場巨大，因此不像房地產那樣是一對一的直接交易，但每筆交易同樣需要一個買家和一個賣家方可成交。

當流動性太低時，往往必須壓低價格才能找到買家，或抬高價格才能找到賣家。由此便可看出高流動性貨幣的優點。

而以下八種貨幣是從短線到中線都可以操作的貨幣。

○美元（USD）
○日圓（JPY）
○歐元（EUR）
○英鎊（GBP）
○瑞士法郎（CHF）
○澳幣（AUD）

○ **加幣（CAD）**

○ **紐幣（NZD）**

這八種貨幣就是主要貨幣[※24]（詳細請參照 p. 27）。除此之外的貨幣，基本上都可視為次要貨幣。

不過，若是基於特殊目的，想要長期持有某種貨幣的話則不受此限。因為長期持有代表不會頻繁買賣，即使流動性稍有不足也沒有關係。

例如泰造先生剛剛舉例的北歐國家貨幣，就是具有長線投資潛力的貨幣。

○ **瑞典克朗**

○ **挪威克朗**

○ **丹麥克朗**

美元指數（U.S. dollar index）是衡量美元在市場之相對價格的指數。包含歐元、日圓、英鎊、加幣、瑞士法郎、瑞典克朗六種貨幣。因此從國際上來看，瑞典克朗等北歐貨幣不一定屬於次要貨幣。

其他還有作為將來具有成長潛力的亞洲貨幣，

○人民幣

也是很值得關注的貨幣。

不過再談下去好像就有點偏離主題了。總而言之，適合當成短線~中線投資標的的，共有美元、日圓、歐元、英鎊、瑞士法郎、澳幣、加幣、紐幣等八種貨幣。

因為外匯交易一定是成對地買進和賣出兩種貨幣，所以這八種貨幣排列組合後，共有以下28種貨幣對。

1 美元（USD）／日圓（JPY）

2 歐元（EUR）／日圓（JPY）

3 英鎊（GBP）／日圓（JPY）
4 瑞士法郎（CHF）／日圓（JPY）
5 澳幣（AUD）／日圓（JPY）
6 加幣（CAD）／日圓（JPY）
7 紐幣（NZD）／日圓（JPY）
8 歐元（EUR）／美元（USD）
9 英鎊（GBP）／美元（USD）
10 美元（USD）／瑞士法郎（CHF）
11 澳幣（AUD）／美元（USD）
12 美元（USD）／加幣（CAD）
13 紐幣（NZD）／美元（USD）
14 歐元（EUR）／英鎊（GBP）
15 歐元（EUR）／瑞士法郎（CHF）
16 歐元（EUR）／澳幣（AUD）

17 歐元（EUR）／加幣（CAD）
18 歐元（EUR）／紐幣（NZD）
19 英鎊（GBP）／瑞士法郎（CHF）
20 英鎊（GBP）／澳幣（AUD）
21 英鎊（GBP）／加幣（CAD）
22 英鎊（GBP）／紐幣（NZD）
23 澳幣（AUD）／瑞士法郎（CHF）
24 加幣（CAD）／瑞士法郎（CHF）
25 紐幣（NZD）／瑞士法郎（CHF）
26 澳幣（AUD）／加幣（CAD）
27 澳幣（AUD）／紐幣（NZD）
28 紐幣（NZD）／加幣（CAD）

這28種貨幣對就是我們的投資標的。

除此之外，要進行長線操作時，還可以再加上北歐貨幣等可依個人判斷加入的貨幣，故全部可選的投資標的約有30種。

有30種可選的投資標的，對投資者而言是非常有利的。

假如限制自己只投資美元／日圓的話，就只能在美元／日圓的走勢容易判斷的時候才能進場，交易的機會非常有限。

不僅如此，這還容易讓我們在無法獲利的場面「忍不住出手」，因為手癢而進場交易。

但如果有30個投資選項呢？

泰造　用粗略的方式計算，進場交易的機會有30倍之多呢。即使每個貨幣對一個月只有一次進場機會，也能每天都進場交易。

正如泰造先生所說。如此一來就不必勉強在不上不下的地方進場，養成只在真正好操作、真的有機會獲利的地方進場的習慣。

即使美元／日圓無法進場，也還有歐元／美元可以買賣；就算兩邊都沒機會，也還可以做英鎊／澳幣。30個標的中至少會有一個存在機會。

而且，實際上可投資的標的不只30個。

泰造 我知道，還可以再細分成不同K線週期吧。

沒有錯。如果把日線、週線、月線三種週期都納入投資標的，粗略計算的話就是：

30種貨幣對×3種週期＝90

這麼多的機會。

這已經完全屬於買方市場，任君挑選了。各位可以自由列出有興趣的貨幣對，隨便選幾個喜歡的來投資。

完全不需要去投資看起來不太容易獲利的貨幣。各位不覺得很輕鬆嗎？

泰造 真的很輕鬆呢。說得誇張一點，只要每種貨幣對幾年有一次進場機會，感覺就已經夠賺了。

泰造先生，您說的其實一點都不誇張喔。

賺大錢的機會一年一次就夠了

剛才泰造先生說的「只要幾年有一次進場機會就夠了」，其實正是能用投資賺大錢的人才有的思維。對老是投資失敗的人來說，這句話更是金玉良言。

投資失敗者有個共同的行為模式。那就是「急著在不該出手的時候出手，老是在做無謂的交易」。

老是在做無謂的交易。這就是絕大多數「投資魯蛇」的共通點。

投資和外匯操作的王道，就是「只挑軟的柿子吃」。

而市場上的軟柿子，其實比大部分人想像得更多。完全不需要操之過急。

能不能保持耐心，正是決定勝敗的關鍵。

只要每種貨幣對幾年出現一次大的行情，從全體的角度來看，便等於每年出現好幾次大的獲利機會。

甚至不用幾年一次，只要十年一次就可以了。粗略地計算，以30種貨幣對為投資標的，等於一年會出現三次大行情。

下面我以自己過去做過長線的一部分貨幣為例，用圖表來說明。

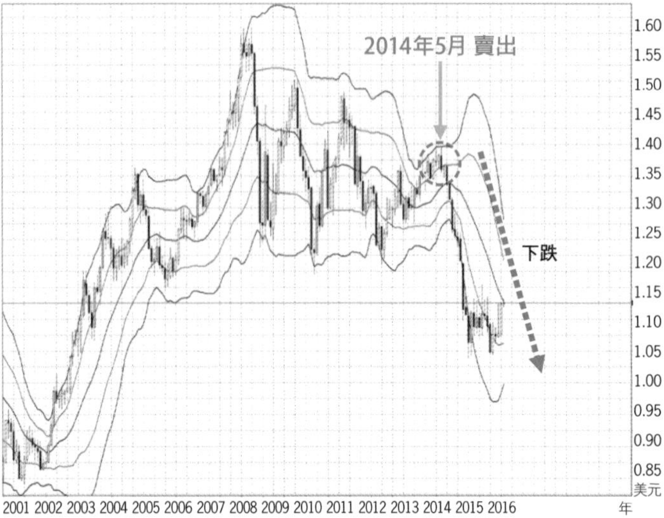

歐元／美元的月線圖（期間：2000年～2016年）

2014年5月賣出後，匯率大幅下跌。

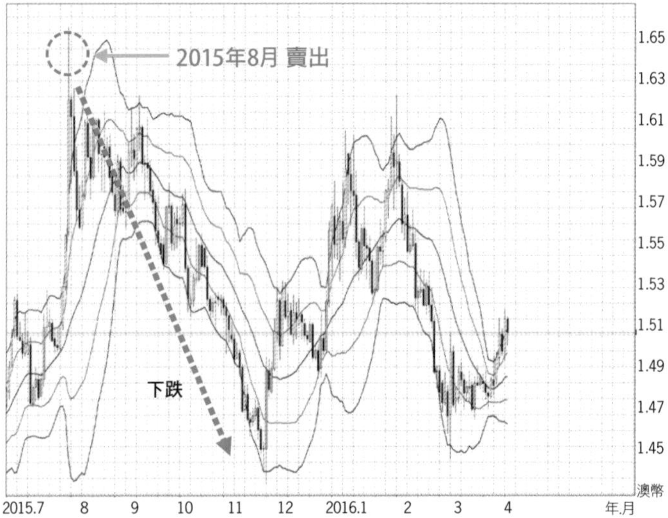

歐元／澳幣的日線圖（期間：2015年7月～2016年4月）

2015年8月賣出後，匯率大幅下跌。

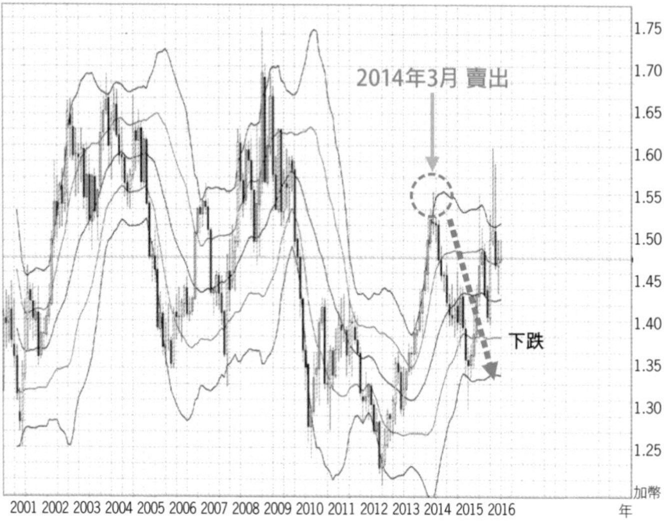

歐元／加幣的月線圖（期間：2000年～2016年）

2014年3月賣出後，匯率大幅下跌。

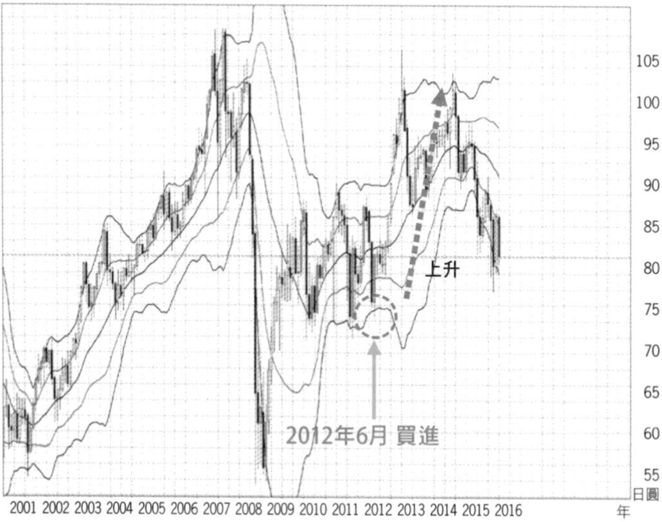

澳幣／日圓的月線圖（期間：2000年～2016年）

2012年6月買進後，匯率大幅上升。

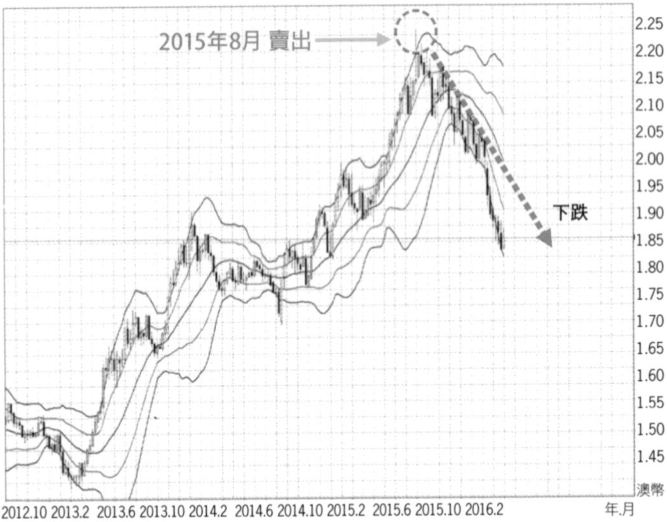

英鎊／澳幣的週線圖（期間：2012年10月～2016年2月）

2015年8月賣出後，匯率大幅下跌。

只要每年一次在大底買進、在高點賣出，就能如字面敘述地「賺大錢」。甚至可以說每年賺這一次就足夠了。

不過，以我自己的情況，除了前述的長線操作之外，也會從事短線的操作，所以更偏向「以長線確保豐厚利潤，輔以短線穩健地累積小利」的風格。

左頁的圖表嚴格說來不算是操作，但仍可當成參考。

2009年～2011年間，由於我判斷日圓出現了空前的升值（美元貶值），故在當時一口氣買進了美元、

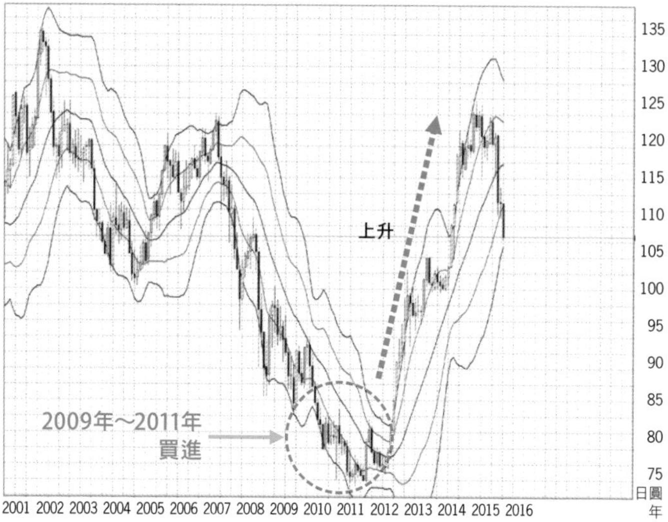

美元／日圓的月線圖（期間：2000～2016年）

2009～2011年買進後，匯率大幅上升。

澳幣、人民幣、港幣、海外不動產等外幣商品。

這個判斷完全沒有參考到社會、經濟的動態。純粹是靠10個「成功模式」中的「Mission 010（第10號成功模式）」推測出來的。

泰造先生，請問您在經營公司的時候會做情境規劃嗎？

泰造 情境規劃是我做生意時最注意的事。我會模擬一個主要情境和數個次要情境。預想最好的情況和最壞的情況，一邊期待事態往最好的情況發展，同時為最壞的情況未雨綢繆。

然後我會用盡一切努力實現最好的情況。我們這一行正如阿健老師所說，在很多層面上都是風險很高的行業，所以情境規劃特別重要。當然也不能沒有撤退方案。

我非常尊敬泰造先生能在不動產這行成為一位成功的經營者。成功人士無論是在商場上，還是在日常生活上，應該都會做情境規劃吧。

泰造 哪裡哪裡，我還算不上成功人士啦。

事實上投資也一樣需要情境規劃。

如果只是盯著市場，靠直覺操作的話，情境規劃是多餘的。因為只需要看著市場往哪邊移動就好了。

還有，用賭博心態來玩外匯的人，也不需要情境規劃。因為只需要猜測未來的市場走向，然後等待結果出爐即可。

但投資的目的不是觀察市場或享受賭博的樂趣。

而是獲得收益。

為此，我們必須做好情境規劃。

所謂的情境規劃，並不是預測市場會往上走或往下走。而是「如果發生○○的話，就採取△△行動」的戰略研擬和具體行動。

情境規劃除了必須具備「如果發生某某情境」的條件式思考，還包含自己「要怎麼行動」的實踐。

基本上，市場到底會往上或往下走，誰也無法確定。如果自以為自己有預測未來的能力，肯定會輸得很慘。

因為無法確定結果，所以當你預期「會這樣」的時候，實際上卻不是這樣的可能性很高。因此，正確的思考方式應該是「如果這樣的話，那就這樣進場」。然後「出現A發展就止盈（獲利了結）」，或是「出現B發展就止損（認賠退場）」……。

這就是所謂的情境規劃。

若市場沒有照原本的預期發展，那麼撤退就行了。

例如「只要收盤價沒有跌破中軌就代表上升趨勢仍在，所以可以逢低買進※23」，就是很好的情境規劃。

如果投資沒有戰略，那就很難獲利。

我認為不懂得情境規劃的人，無論運用多麼優秀的市場指數或技術指標，都很難在投資的領域上獲得成功。

只要懂得規劃情境，就不會被價格的變化迷惑，可以冷靜地進行合理判斷。

外匯投資失敗者的共通點和對策

對投資名人和網路資訊的強烈依賴性

本節是針對資訊素養和金融素養一節所論及之內容的複習。

「對他人的依賴」和「對資訊的依賴」，是投資外匯失敗的人身上共有的特點。

對他人的依賴，指的是過於依賴投資成功者（或看似成功）的市場觀，以及那個人所發布的理財資訊。

效法成功的人絕不是一件壞事。不如說這是初學階段必要的功課。

真正的問題，在於不跟隨那個人的市場觀，或是不持續閱讀那個人提供的資訊就會惶惶不安的心理狀態。

所謂的依賴，就是試圖抹除內心不安的行為。

學習成功人士的時候，應該以自己為軸心，以自身為學習的主體。

那麼這裡我有個問題想問問有投資經驗的泰造先生。

泰造先生，請問您有訂過預測未來市場或提醒買賣訊號的網路電子報嗎？

泰造 有的。

您依照電子報的資訊去操作，結果賠錢不賺的時候，是什麼心情呢？

泰造 說來丟臉，不瞞您說，我的第一個念頭通常是「我被騙了！」。

可是，這種電子報上都會用小字寫上「本報資訊無法保證投資一定獲利」的但書吧？

泰造 雖然是這樣沒錯，可是心裡還是會不甘心「明明都照著做了，為什麼還會賠錢」。

那就是依賴的現象。您現在應該已經明白了吧。

泰造 是，我知道。我現在已經不太會有這種想法了。

不愧是泰造先生。能客觀地發現自己的依賴心，代表您已經擺脫依賴了。

因為是這個人說的所以可以信任、只要照著這個人說的做就一定賺錢，這種想法全都是依賴的表現。

這已經跟宗教信仰相差無幾了。

18世紀的神學家史萊馬赫，認為宗教就是對神的「絕對依靠感」。但不是負面意義的依靠，而是正面意義的依靠。

有的人可能會反駁，但我認為依賴神明不是一件壞事。然而，當我們依賴他人時，其實也是無意識地把對方當成神明在崇拜。

但人實際上不是神明，因此這變成一種類似「主人與奴隸」的關係。所謂的依賴，就是依賴者成為被依賴對象或物品的奴僕。

這世上有很多被稱為投資名人的人。

依賴這些人，就等於承認「我是那個人的奴隸」。

真由子小姐，請問奴隸的相反詞是什麼？

真由子 奴隸的相反是……主人。

沒錯。要擺脫依賴的狀態，只要成為主人就行了。

讓我們換個說法。

只要做到某件被宗教視為不善的行為，我們就能成為主人。那就是「為了利益而利用他人」。

不是把自己的身心全部奉獻給投資名人，盲目崇敬、依賴對方；而是為了自己的利益而利用他們。

只要保持利用的關係，就不會形成依賴。

不過，對對方仍應遵守基本的尊重和禮儀。

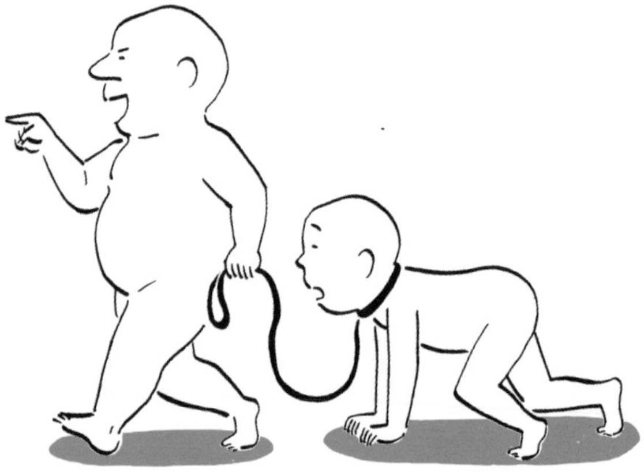

無視「欲望計量」

我經常對別人提到「投資的欲望計量」這個詞。誠司，請問你知道投資的欲望計量是什麼嗎？

誠司 欲望計量……？是金錢嗎？

不，不對喔。是槓桿。

運用槓桿投資，就代表內心的欲望被勾引了出來。2倍的槓桿就是「200%的欲望」，5倍槓桿則是「500%的欲望」。

欲望不一定是壞的，也有好的一面。然而，欲望過於膨脹的話，一定會導致不好的結果。

槓桿就是欲望的度量計。請各位下單時好好看清楚螢幕上的槓桿倍數，檢查自己有多少欲望。

監管機能失靈的孤獨交易

這裡又有個問題要請教泰造先生。

泰造先生，假如公司的會計在記帳時不須經過任何查核，那位會計可能會變得怎麼樣呢？

泰造 如果記帳不須經過任何人檢查，那他很有可能會做假帳呢。最有可能的情況就是盜竊公司的財產。

不只是會計，如果整間公司都不受任何監管，便可能成為粉飾造假的溫床。投資也是一樣。

我想大部分的人應該都是一個人在買賣外匯。然而，獨自買賣外匯卻存在著極大的風險。

即便替自己設立投資規則，也無法保證自己一定會遵守。就算破壞自己訂下的規矩，衍生極大的損失，也沒有義務向其他人報告。不少人便是因此陷入投資的泥沼。

泰造先生，您認為該怎麼避免這種情況呢？

泰造　可以請第三者幫忙檢查。

您身邊的第三者有誰呢？泰造先生聽了可能會有點頭痛吧……。

泰造　是我內人。……話說回來，阿健老師最早問我的也是這個問題呢。「您今天來我這裡學外匯的事情，有先跟夫人說過嗎？」您這麼問的時候，我著實嚇了一跳。

沒錯，跟家人分享投資成果就是一種安全網。

相信不少人都有過因為說不出口，所以瞞著家人把原本不該拿來投資的錢拿去運用，或是賠了錢也說不出口的經驗吧。

一旦害怕賠錢被知道，之後就會更加

難以回頭。為了搏回之前的損失，於是砸入更多錢想一次贏回來。結果，原本中途放棄的話還不至於無法挽回，但拚上身家後反而賠光了所有財產。這種例子也是大有人在。

這種人在不遠的將來恐怕很快會走上借貸之路。

想要避免這種失敗，與家人分享外匯投資的損益表和交易餘額報告是最好的做法。

至於辦不到的人，則可以尋找投資上意氣相投的夥伴。

不記錄交易結果，「經驗值」永遠是零

我們人類的記憶很不可靠。不好的回憶很容易被遺忘，而成功經驗則常常被美化放大。

單純依靠記憶，是很難解決問題、把工作做好的。

即使這麼做對日常生活可能不會造成什麼問題，然而一旦牽扯到金錢，「紀錄」

始終是不可或缺的。

泰造先生，請問在商場上有哪幾種「紀錄」呢？

泰造 我想想，跟客戶之間有「業務合作契約」，跟雇員之間有「雇用契約」，財務上有「損益表」、「資產負債表」、「現金流量表」等重要的文書紀錄。

那麼，在外匯投資上，類似的資料是？

泰造 是「交易紀錄」！

沒有錯。沒有交易紀錄的話，很容易會忘記自己過去買賣過哪些貨幣對，最後獲取多少利益，又或是造成多少損失。此外，也無法判斷之前所用的策略，是不是獲利機率高的成功模式。

即使想要改善投資表現，如果沒有歷史資料，就無從得知自己的投資方法有何問題，應該從哪裡、該如何修正。

無論用模擬交易軟體練習多少次，若沒有記錄下可供分析的交易結果，所有的練習都可能白費工夫。

製作交易紀錄的習慣，最好從初學者的階段就要確實培養。

真由子　那所謂的交易紀錄，究竟要記錄什麼呢？

我認為應該包含以下10個項目。

①進場日期
②交易貨幣對
③所用之K線圖週期
④買賣方向
⑤買賣數量
⑥進場的原因（成功模式等等）
⑦停損價格和停利價格
⑧結算日期
⑨損益值
⑩其他附註

不需要寫得太詳細。如果花太多心力在交易紀錄上，反而懶得關心交易本身的話，就本末倒置了。

記錄時可以使用Excel等軟體，輸入時更快速省力。

今日總結

1. 賺大錢的機會一年一次就夠了。
2. 規劃獲利的情境。
3. 與他人分享成果，建立監管機制。
4. 依賴投資名人是危險的。
5. 記錄自己的交易。

敢放心超速，是因為相信「不會有意外」？

我剛開始從事外匯交易的時候，曾嚐過初學者運氣的甜頭。

一天才交易數次，保證金便快速增加。讓我不禁興嘆「原來外匯這麼簡單啊！」。

我帳戶內的保證金很快地翻了一倍以上。可是，沒過幾天，我就把之前賺的全部賠光了。最後甚至虧損到本金。

為什麼會賠錢呢？因為當時的我完全沒有考慮過如果失敗的話，該如何保護自己的本金和獲利。

我在中國也會自己開車。我感覺比起日本人，中國人開車要安全得多。

日本人開車通常很遵守交通規則。

但這個好習慣或許反而是一種缺點。因為在日本，大家都把遵守交通規則視為理所當然，所以開車時對不遵守交通規則的人一點防備也沒有。

然而在中國，雖然有地方的差異，卻常常會遇到突然有人衝到馬路上、行人無視往來車輛和紅綠燈強行橫越馬路，或是不打方向燈就突然轉彎插進來的車輛。

但中國的駕駛對這些狀況早已司空見慣，故總是隨時防備。儘管諺語常說「天有不測風雲」，但很多狀況其實並非無法預測，而是可以防備的。

中國人開車時，即使是在一路暢通的直線道上也會控制速度、謹慎地前進；而日本人則很容易放鬆警戒，一不小心就超速。這是因為日本人都深深相信「不會有行人突然衝到路上」，或「其他車輛都會遵守交通規範」。

當「經常發生的狀況」變成「很少發生的狀況」時，由於為這些很少發生的狀況做準備的CP值太低，所以大多數的人都會偷懶。

投資也是同樣的感覺。當你認為這是「一萬次才會發生一次」時，就應該有所警戒了。因為投資沒有萬一（1萬分之1的機率，也就是0.0001%），只有1成、2成或是更高的可能性。

另外補充一下，北京和上海等中國大都市的交通這幾年已大幅改善。

第6天

Day 6

有效管理、運用資金的方法

成功者的資金運用和心態
以防破產的資金管理

運轉資金的方法

買賣外匯就像經營公司

一般常說投資最重要的就是資金管理，這句話一點都沒錯。無論懂得多少知識、技術，無法好好運用的話就無法持續獲得利益。

所謂的投資就是「增加財富的工作」。故資金管理當然是必備的技術。

事實上，資金管理一點都不難。

計畫之有無，便是賭博和經營的差異所在。

泰造先生，請問您平常會定期確認損益表（P／L）嗎？

泰造　**每個月會確認兩次。**

因為這是經營不可或缺的重要指標呢。損益表（P／L）可以顯示一間公司是否有在盈利。

其實，外匯投資的資金管理邏輯，跟損益表（P／L）的邏輯一模一樣喔。

損益表(P/L)

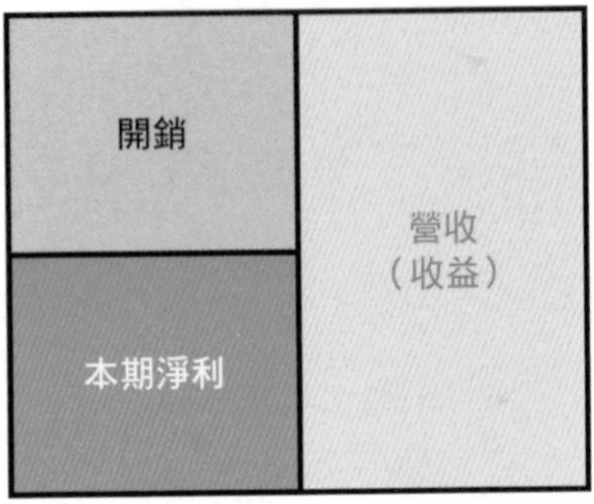

營收－開銷＝利益

我們在第一天（p.33）介紹骰子遊戲的時候便曾提過，投資時是否有在腦中畫出損益表（P/L），乃是穩定獲利的關鍵。

損益表（P/L）的右側是收益，左上方是開銷，然後左下是淨利。有獲利的時候，左側的開銷加上淨利必定等於右側的收益。

損益表（P/L）的左側欄位，分別是提高右側營收所付出的開銷，以及營收減去開銷後剩下的利益。

投資不是賭博、遊戲或興趣，而是一種事業。

雖然要當興趣來玩也不是不行，

但所謂的興趣，就是花錢購買享樂。投資也一樣，如果用花錢享樂的心態來隨意操作，最後很容易以賠錢收場。

日本有很多個人投資者自稱「投資家」，實際上卻不是把投資當成事業在經營，而是當成興趣在玩。所以會賠錢也是理所當然的。

泰造先生，請問在您的公司裡，財務和會計部門扮演什麼樣的角色呢？

泰造 是心臟吧。還有董事會就像頭腦、總務是雙手、營業就像雙腳。當然我也認同公司的遠景和經營理念非常重要，可是資金週轉不靈的話，公司就會倒閉。如果公司都經營不下去了，還有什麼願景可言。

是的。管理流入的資金和流出的資金，對盈利組織而言是至關重要的工作。這點對外匯投資也一樣。

我希望各位明白，投資和交易時管理資金的原則，跟經營公司其實是一樣。

阿健小叮嚀MEMO 23

○ 投資的資金管理跟經營公司的原理完全相符

不論是正面情緒或負面情緒，會計部門的員工常常被要求在工作時要摒除情緒。

因為若用：

「喂，這個月花錢花得太兇了吧～！（怒）」

「為什麼賺得這麼少啊!!（怒）」

「哇，真開心，營收增加了耶♪」

這樣的態度來工作，全公司的營運都會變得不穩定。

身為會計，必須處變不驚、常保冷靜，嚴格管理資金的出入，將數字轉化為分析資料。

而投資老是失敗的人，其中一個特徵就是「無法不帶情感地看待數字」。這跟不會看損益表（P／L）是同樣的意思。

真由子小姐，假設我們在一次交易中止盈（獲利了結）了3萬元，得到了3萬元的「利益」。請問這份「利益」應該寫在損益表（P／L）的哪一欄呢？

真由子 既然是利益，那應該是寫在左下方的淨利那邊吧。

答錯了。

真由子 咦～!?為什麼不對呢？

一次交易所得的利益，不是寫在損益表（P／L）的「淨利」欄位，而是屬於「收益」。收益，也就是營收的意思。

因為這次得到的3萬元，還不能當成確定的利益。

譬如公司機構，必須等到一個月或一年後，經過「決算」的程序後才能確定損益（收支），知道到底有多少利益。

而外匯雖然沒有實際的決算，但目前的3萬元只能當成現在的營收（收益），而非確定的利益。

投資之損益表①

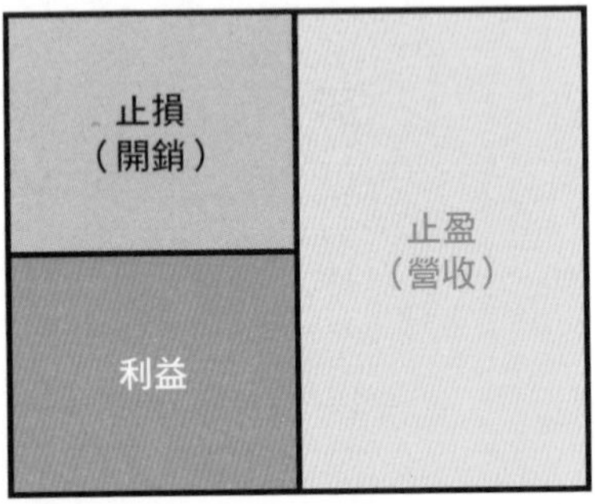

止盈收入－止損損失＝利益
（營收）（開銷）

單次交易的獲利不是「利益」，而是「營收」。請大家一定要好好記住這點！

那麼，交易中的損失，也就是止損，又屬於損益表（P／L）的哪個部分呢？

誠司 我懂了！是開銷。如果獲利是營收，而認賠退場的止損損失是開銷的話……只要營收（止盈收入）大於開銷（止損損失），最後剩下來的就是利益了吧！

沒錯！

剛剛我們說過，負責公司會計的人，不能因為收支數字而使感情起起伏伏。

而投資的時候也一樣，我們完全不需要為了單次交易的獲利或虧損而高興難過。只需要正確地管理好止盈（獲利了結）所得的收入（營收），和止損（確定損失）造成的損失（開銷），想辦法盈利就可以了。

最後剩下的利益，就是「保證金增加額」。外匯交易所有的獲利都會自動進入交易帳戶，成為我們的保證金。

雖然在盈利過程中具體有多少營收（止盈收入）、多少開銷（止損損失）也很重要，但不是最重要的事情。

我們既不需要把營收誤解為利益而喜悅，也不必把開銷誤解為虧損而失落。

投資之損益表②

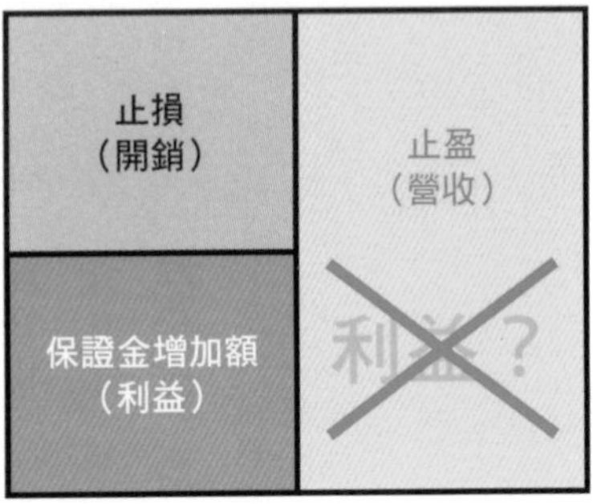

泰造 換言之增加的保證金才是利益呢。所以我們該關心的不是眼前的止盈收入或止損損失，而是保證金的餘額對吧！

說外匯投資像經營公司我就理解了。從這個角度思考，外匯投資的邏輯其實就跟資產負債表（Balance Sheet）一樣呢。

泰造先生，您所說的觀點非常重要。外匯的保證金確實會因交易的損益而增減，不像租房子時的押金或保證金那樣是定額。

至於資產負債表的觀念，我們會在稍後說明。

阿健小叮嚀 MEMO 24

- ○止盈（獲利了結）時獲得的收入不是利益，而是營收
- ○止損（認賠退場）時產生的損失不是虧損，而是開銷
- ○營收減去開銷所剩的金額才是利益

下一頁的圖表，是最後沒有獲利，而是虧損時的損益表（P／L）。換成公司的話，就是赤字的狀態。

左邊的開銷大於右邊的營收。

但左欄的開銷也不是虧損。真正的虧損是……

誠司　開銷減去營收的差額！

對，一點都沒錯。

用１００萬元的保證金交易時，假如獲利（止盈）30萬，損失（止損）40萬的話，最

投資之損益表③

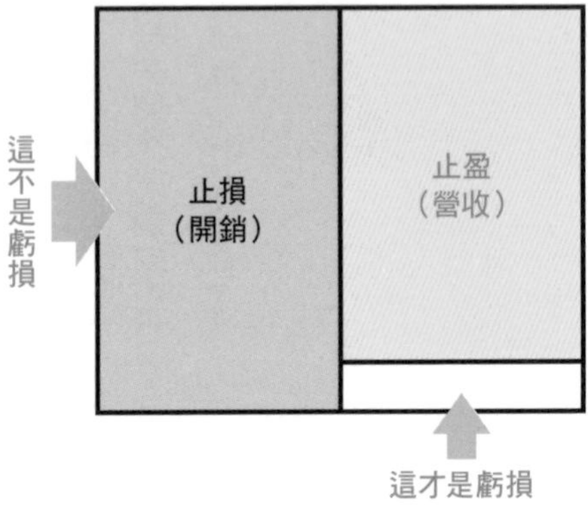

終的虧損就是10萬元。

這裡要特別注意的是虧損額。實際的虧損額不是停損造成的40萬，而是營收減去開銷後，最終確定的損益，也就是負10萬元。

假設為期一個月的交易中，共計有１００萬的獲利（止盈額），以及１２０萬的損失（止損額）。

此時因為營收是１００萬，而開銷有１２０萬，故兩者相減後就是虧損20萬。

真由子小姐，請問妳知道年收入和所得有何差別嗎？

真由子　是，畫成圖表的話就是這種感覺。

沒錯。以普通上班族來說，假使名義上年收入有１０００萬日圓，但實際領到手裡的金額還需扣掉所得稅和公共保險費等，所以大約只有７００～８００萬日圓左右。

而所得中實際能存下來的金額，就相當於淨利的概念。

所得扣掉居住費、水電費、交通費、生活費、小孩的學費……等等費用後，最後剩下來的就是可儲蓄的金額。以外匯來說，也就是最終的利益。

因此，外匯投資的重點在於如何使收

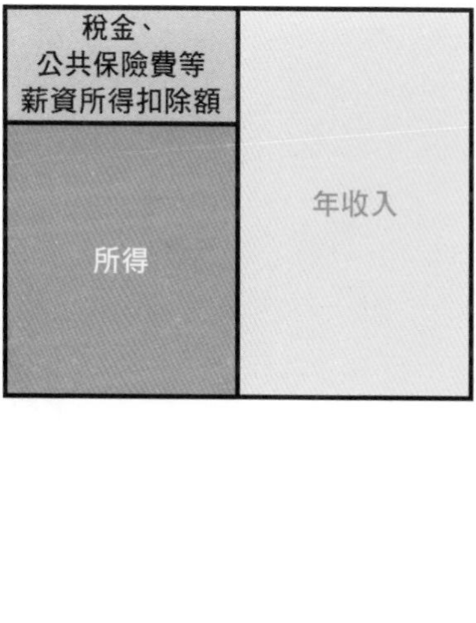

入最大化，同時壓縮成本開銷，取得整體的平衡，而不是想辦法「中大獎」。

對投資人來說，「增加收入」的意義並不大。重要的是「增加利益」。

「把止損的損失當成投資成本」不是自我安慰，而是理性思考

不只是外匯，任何一種投資想要成功，做好「止損」或「停損」，也就是將損失控制在最小程度的行為非常重要。大家應該都聽過這個觀念。

其中，相信很多人也都聽過「止損的損失是投資的成本」這句話。

這句話時而會被那些無法狠下心停損止血的人，當成催眠自己的咒語。

或許很多人是因為對實現損失抱有很強的抗拒感，為了說服自己停損，才像唸經一樣告訴自己「止損是投資成本」吧。

然而，實際上止損造成的損失真的是一種成本。

無論像念咒一樣催眠自己多少次，如果不能打從心底接受並理解，觀念就很難落實為行動，更遑論養成習慣。

這次，學會損益表（P／L）的概念後，相信大家都已經徹底理解止損的損失其實是一種投資成本了。

請各位千萬不要忘了今天學到的東西喔。

外匯投資的資產負債表（B／S）

損益表（P／L）是財務報表的一種。除了損益表之外，還存在著其他種類的財務報表。

誠司 您是指資產負債表（B／S）吧。也就是檢查財務和財政狀況是否健全的報表。

沒錯。

資產負債表（B／S）的左側是資產，右上是負債，右下則是資本。雖然格式跟損益表（P／L）左右相反，但基本結構是一樣的，「資產」扣掉「負債」之後就是「資本」。

資產負債表（B／S）

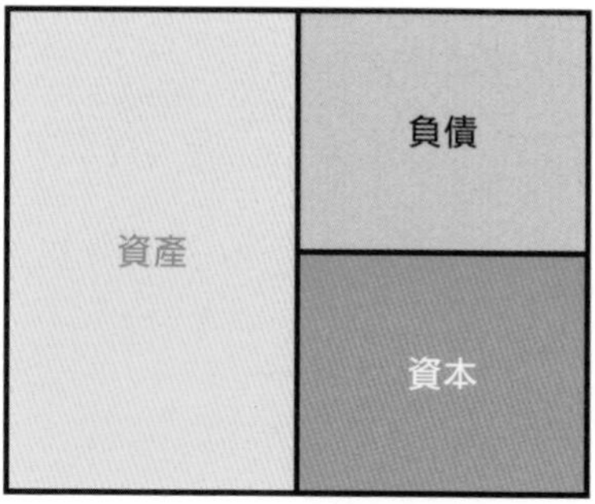

資產－負債＝資本

資產負債表（B／S）可以教導我們該如何在交易中管理和增加保證金。

資產負債表（B／S）最好理解的部分是資本。資本就是自有資本，也就是自有資金＝保證金。

而負債則是他人資本。換言之，就是不屬於自己，從其他人那裡借來的錢。

這部分就是槓桿。我們在前面的章節曾說過槓桿就是借款，大家還記得嗎？

真由子　是，還記得。

最後是資產。資產是自有資本加

投資之資產負債表

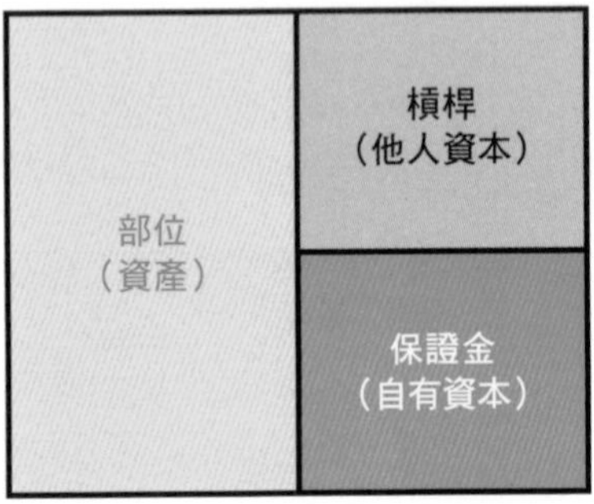

部位 － 槓桿 ＝ 保證金
（資產）（他人資本）（自有資本）

上他人資本。也就是保證金和用槓桿借來的金額之總和。資產就是我們可運用的資金。

由於交易的目的就是增加保證金，故資產負債表（B／S）上最重要的是保證金（資本）的部分。這部分就是自有資本。

左邊的「部位」指的不只是目前持有的部位※1（貨幣對），還包括尚未投入市場建立部位的資金。

藉由增加保證金，我們可以持有更大的部位，換言之就是能做金額更大的交易，左側的「資產」和右上方的「他人資本」都會跟著增加。當然，他人資本等於「負債」。

負債增加不見得是件壞事（★關於好的負債與壞的負債請參照59頁）。

泰造 這麼分析下來，其實外匯也跟不動產投資差不多呢。

保證金就是頭期款，槓桿是銀行貸款（房貸），而部位則是不動產的交易價格。

假設持有10億日圓的不動產，若跟銀行借了8億的話，代表自己真正持有的資產只有2億日圓。就是這個意思吧。

您說得一點都沒錯。

所謂的外匯保證金交易，正是一種低風險且高效率，透過妥善運用銀行融資等他人資本，來增加自己財產的資產運用方式。

了解外匯跟不動產投資和公司經營原理相通的人，就不會把外匯投資視為賭博。

理解上述的觀念後，再開始考慮運用槓桿也不算晚。

接著左頁的圖表，顯示了外匯投資獲利、增加保證金的流程全貌。

該圖表結合了資產負債表（B／S）和損益表（P／L）。

左側是資產負債表（B／S），右側是損益表（P／L）。

左上方是期初的資產狀態，左下是期末的資產狀態。本圖的一期可以代表一年，也可以代表一季或是一個月。

因為本表的用途純粹是用於顯示從某個時間點開始，經過一段時間後資產的變動情形。

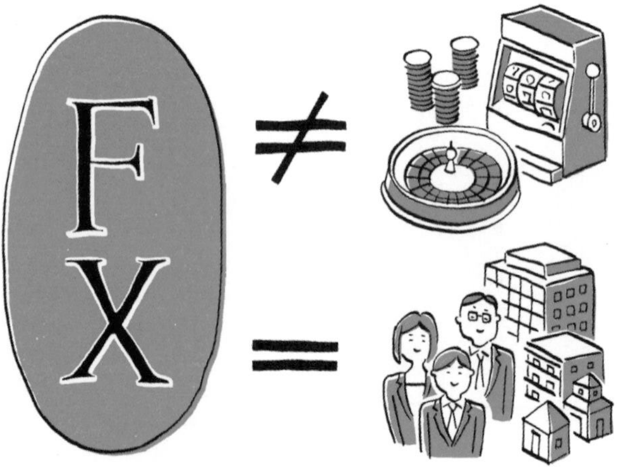

以2倍槓桿操作的情況

（保證金200萬日圓，運用400萬日圓進場交易）

※假設止盈額300萬日圓，止損額200萬日圓，共獲利100萬日圓的情況。

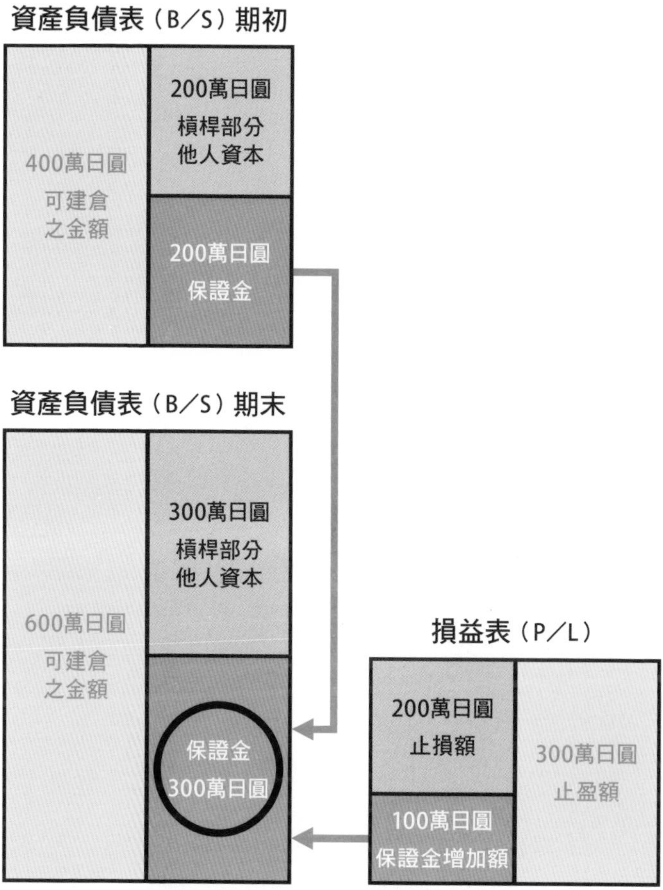

「可建倉[※25]（詳細請參照p.27）之金額」即是可用於買賣的金額。也就是自有資金（保證金）加上槓桿借來的資金。

由上一頁的三表可見，期初的自有資本總額（保證金額）雖然是200萬日圓，但本期增加了100萬日圓的利益，故期末增加至300萬日圓。

保證金便是像這樣透過交易增加的。

所以說投資就跟經營事業和公司一樣，非常需要建立財務報表，這樣各位都理解了嗎？

槓桿和部位大小

在講解「成功模式『Mission 001』」的時候，我們曾提及控制槓桿的必要性。

至於為什麼必須控制槓桿，理由除了避免破產之外，更是為了最大程度地減少保證金縮水的風險，同時持續在市場上獲利、增加保證金。

無論勝率再高的「成功模式」，一旦槓桿拉得太高，就會失去高勝率的優點。

高勝率的意思，就是只要持續交易，保證金就會自然地增加。

可是一旦提高槓桿，操作失利的時候就會發生很大的虧損，對之後的保證金管理造成不良的影響。

勝率愈高，同時風險報酬率（損益比）愈高時，就愈不應該勉強提高槓桿。

雖然降低槓桿並不會提高獲利的機率，但較低的槓桿更能發揮「成功模式」的優點，就結果而言可以產生最大的利益。

還有，槓桿拉得太高的話，當出現損失時，就愈難用獲利去填補。

真由子小姐，請問當發生50％虧損的時候，我們需要多少％的獲利才能補回該損失呢？

真由子　既然是50％的損失，那需要的獲利應該也是50％吧？唔～嗯，不過這答案一定是錯的吧。

試著用具體的金額來思考吧。假設一開始有１００萬的保證金，那麼50％的虧損，就是損失50萬元的意思。

因為１００萬的一半就是50萬元。代表我們需要獲利50萬元，才能回到原本的狀態。

換句話說，如果我們要把手裡剩下的50萬翻倍成１００萬元，等於需要１００％

的投資報酬率。

要賠掉一半的本金很容易，要把本金翻倍卻很困難。

虧損比率達70％時，等於１００萬只剩下30萬；要回到１００萬，則需要２３３％的報酬率。需要將手頭的資金翻至２．33倍。

損失額愈小，回填所需的報酬率就愈小。所以說，只要掌握勝率和風險報酬率在一定水準之上的成功模式，就能確實地增加保證金。

挽回損失的本金非常困難

損失（%）		所需的報酬率（%）
10%	→	11%
20%	→	25%
30%	→	43%
40%	→	67%
50%	→	100%
60%	→	150%
70%	→	233%

阿健小叮嚀MEMO 25

○槓桿倍率低，才能發揮「成功模式」的優勢

○槓桿倍率太高，「成功模式」的優勢將蕩然無存

○一旦出現鉅額損失，要取回本金將難如登天

1．01的法則

請問大家有聽過「1．01的法則」嗎？

真由子 沒有耶，那是什麼法則呀？

其實只是很簡單的算數而已。然而這個法則帶來的衝擊，卻為外匯投資帶來了革命。

那麼接著我來考考大家。

假設真由子小姐有保證金100萬。如果這100萬每天增加1%，請問一年後有多少錢呢？

真由子 嗯……雖然沒辦法馬上算出來，但應該有10倍的1000萬左右吧？

一起來算算看吧。1000萬元×1．01的365次方，計算之後就是……3780萬元。也就是37．8倍。

真由子 好厲害。每天才增加1%，一年後就能變成37．8倍啊！

兩年後則是3780萬元×37．8＝14億2884萬元。

三年後是14億2884萬元×37．8＝540億1015萬元。

依此類推。

不過實際上，因為週六日不開市，所以無法交易。

此外這些收益還必須支付稅金。而且每天增加1%實在太困難了。所以，這只不過是紙上空談罷了。

我問這個問題想表達的，是「只要一點一點地日積月累，最後也能得到爆炸性的獲利」這個道理。

聽到「把１００萬變成１億」，各位應該都以為必須鎖定幾次大行情，把槓桿調到最高狠狠賭上幾筆，否則就無法實現吧？

誠司 的確是這樣。我的腦子裡全被１億這個數字占據，完全想像不出１００萬要如何變成１億。

可是，即使不冒那麼大的風險，也能把１００萬變成１億。不對，應該反過來說才對。「只要不冒巨大的風險」，就有可能把１００萬變成１億。

冒著巨大的風險投資，血本無歸的可能性也會增加，一不小心就會在賺到１億

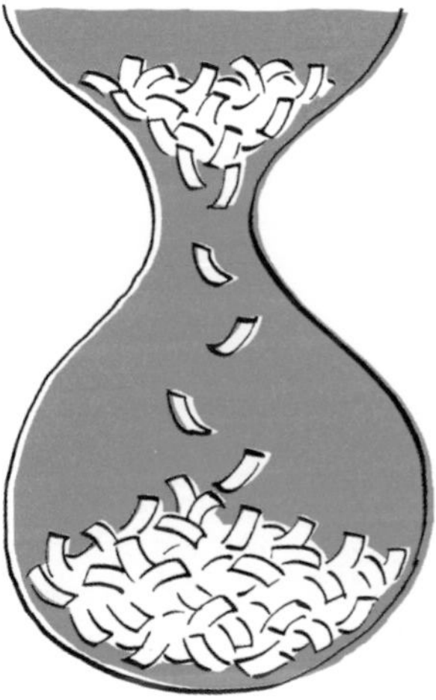

元之前賠光保證金。

要在不冒巨大風險的情況下大幅增加保證金，必須先使某樣東西成為我們的夥伴。各位知道是什麼嗎？

泰造　是「時間」吧。

對，就是時間。

也就是利用時間的力量，增加資金。這才是外匯投資的奧妙所在。把損失控制在最小，只挑最軟的柿子確實地吃下來。重複幾次後，隨著時間經過，即使不特別做什麼也能讓錢愈來愈多。

這裡有個很重要的重點。

不可建立目標數值。

即使建立目標數值，也不會任何正面效果。

無論經過一年、五年、十年都一樣，資金增加多少也不是重點。

只要時間過去就會增加。只需知道保證金會隨時間確實地增加，這樣就夠了。希望各位把這點記在腦海裡。

在外匯市場，很多人都是試圖一搏千金才破產的。因為他們都急著想「快點賺到錢」。

會把錢存在銀行的人，都不會妄想明天資產就能變成2倍，或是一年後變成10倍對吧？相信很多人根本連利息都沒考慮過。

外匯也一樣，用銀行儲蓄的心態去操作是最好的做法。不過把錢放在外匯戶頭拿來投資，報酬率是放在銀行戶頭的數百倍以上[※註4]，所以不用著急，一點一點積少成多，就已經存得很快了。

相反地，如果100萬元每天減少1%，一年後又會變成多少呢？

真由子 100萬×0.99的365次方＝3萬。我用手機

※**註4** 因日本銀行的定存利率極低，年息一般只有0.01～0.05%。

的計算機APP算了（笑）。

真由子小姐的動作真快！妳答對了。一天減少1％的話，一年後的資金將減少至33分之1，也就是3萬元。

如果因為金額不高，加上損失也很小，就不以為意地持續從事期望值為負的交易，資產將快速縮水。

所以絕對不可以抱著隨便的心態進場。

用多個帳戶交易

我們在222頁提過，請各位在開始交易之前，務必開設複數帳戶，最少需要三個。分別是短期帳戶、中期帳戶、長期帳戶。

誠司 要三個？初學者不能先用一個，等熟練之後再增加嗎？

從初學者的階段就學會管理多個帳戶是很重要的。

就像各位在打網球、桌球和羽球的時候，也不會因為才剛入門，就用同一種球拍來打吧？道理是一樣的。

正因為是初學者，先打好基礎才能更有效率地成長；同時為了確保未來的發展空間，更應趁早革除惡習。

誠司 原來如此，就像網球、桌球和羽球啊。短期、中期、長期實際上就像不同類型的運動呢。

長期投資和短線操作，如果比喻成田徑，長期就像馬拉松，短線則像一百公尺短跑，常常有人這樣比喻。

不過，這種比喻方式其實不太正確。

應該說，長期投資和短線操作，就像球類運動和格鬥技一樣，完全是不同場域的兩種競技。

正因為差異很大，所以用同一個平台操作會很危險。說得極端點，那就像在游泳池裡面滑雪，或

英鎊／澳幣的週線圖

例如圖中虛線圈起來的部分，因為上升力道很強，故短線適合買進；但從長期來看卻應該開始考慮賣出。一如此例所示，有時短線的操作和長期的操作，在買賣方向上會恰恰相反。

是在滑雪場上打網球。

真由子 原來有這麼大的差異啊……。

同一種貨幣對，常常會短線適合賣出，但長期來看卻是買進的時機。但如果用同一個帳戶，同時買進和賣出同一種貨幣對，很容易產生混亂。

所以，請務必一開始就建立多個帳戶來操作。

投資成功者的心態

至此為止，我們已介紹了很多初學者投資成功必須的條件，但還剩下一個要素沒有提到。

那就是投資成功者的心態。

由於心態可以主導和規範一個人的行動，所以心態或許才是最重要的因子也說不定。

因此接著我想來談談，那些不靠運氣卻能不斷成功的人們，究竟跟一般人有什麼不同。

只挑軟的柿子吃

首先，他們「只在獲利機率高的時候進場交易」。

這點我們之前也叮嚀過很多次了。請大家只在有機會獲利、操作難度低的行情進場，盡可能避免沒有意義的買賣。

誠司，這點你理解了嗎？

誠司 是，我會牢牢記住只挑軟柿子吃的！

樂見市場暴跌，靠暴跌獲利

第二，成功者「總是樂見市場暴跌，並靠暴跌獲利」。能在市場上獲利的幾乎無一例外，都是懂得在市場崩盤的時候大撈一筆的人。為什麼他們能辦到這點呢？那是因為他們非常熟悉市場的本質。

那麼這是第三次提問了。誠司，請問市場的本質是什麼？

誠司 「價格」、「時間」和「群眾心理」。

謝謝你，誠司。明白這點的人，無論任何時候都不會忘記以下原理。

○市場會上升，也會下跌。

○市場不會永遠上升，也不會永遠下跌。
○市場一旦起漲就不會馬上停止，一旦起跌就不會馬上煞車。
○市場可能超買，也可能超賣。

市場下跌的機率跟上揚的機率一樣高。換言之既然有牛市（上升）的存在，那麼自然也會有熊市（暴跌）的存在。

「雖然市場上揚時能賺錢，但下跌時就會賠錢」的人，想在外匯市場獲利是很困難的。

只懂得以上漲為前提買進的人，其實是用買股票和不動產的方法在投資外匯。這麼做的話，就沒辦法發揮外匯「無論買賣皆能獲利」的優勢。

如果只是發揮不了優勢倒還好，更糟的是還可能陷入「沒想到會暴跌」的心理狀態，結果變得跟賭博沒兩樣。

說得更直白些，討厭暴跌行情的人，根本就不適合投資。

不過，在市場暴跌時獲利絕對不難。只要運用成功模式，在市場暴跌的徵兆出現時賣出就行了。

「投資必須自己負責」的意義

第三點，是真正理解自己負責的意義。

泰造先生，請問您有聽過「投資必須自己負責」這句話嗎？

泰造 那當然。證券公司的合約書，還有投資顧問服務的合約上，一定都會寫上「投資須自負結果」之類的文句。我以前總認為這是證券公司和商人在客戶賠錢時為了規避責任才寫的但書。

不過，實際上並不是這樣對吧？

當然，我不否認也有法律責任的因素。不過，在這之上還有更根本的原因。

在「投資失敗者的共通點」一節，我們曾討論過對投資名人和網路資訊的依賴問題。對他人的依賴，換個說法，就是不想自己負責、不想自己做決定的心理寫照。

雖然這麼說可能會冒犯到上班族，但這或許是因為在負面意義上無法擺脫「受雇者意識」造成的。

所謂的「受雇者意識」，指的就是公司會保護自己、政府會保護自己……諸如此類的潛意識。

然而抱持這種心態，投資是不會成功的。自己思考、自己判斷、自己負責，落實身為一個獨立的人活在世上理應做到的事，才是投資時應有的「心態」。

老是跟隨他人的指示、接受別人的保護、讓他人替自己負責。這種人生或許輕鬆，卻沒有半點樂趣。

不只是沒有樂趣，在這種環境下，我們是不會成長的。一輩子也無法成功。

時間就是生命

誠司，你覺得生命是什麼呢？

誠司 生命……是嗎？是活著的意思嗎？心臟還在跳動的狀態？或是用自己的頭腦思考？

我認為這些答案都不算是錯的。

不過，所謂的生命，應該還有個更具體的定義。

生命，也就是時間。

我們剩下的生命，就等於我們所剩的時間。這個概念又叫做「餘命」。

時間就是金錢。同時，時間也是生命。我認為這世上不存在比時間更重要的命。

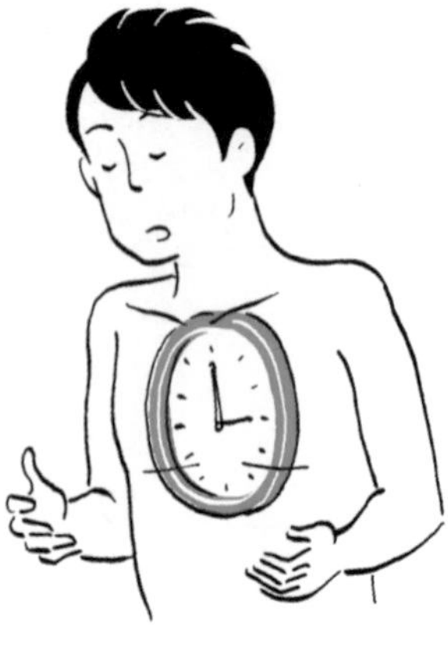

事物。

外匯和投資雖然很棒，但要是太過沈迷、投入太多時間，人生剩下的時間將會大幅減少。

請各位記住，外匯投資只是使人生更豐富的手段。雖然我們之前分析過很多原因，但我認為成功者和失敗者最根本的差別，其實是「有沒有意識到時間就是生命」。

投資外匯如果有賺錢，交易就是一件快樂的事。可是，無論賺了多少億，如果生命中除了外匯以外沒有任何成就，我們一定會感到後悔。

如果你嚮往成為「專業交易員」，過著每天都盯著電腦螢幕，只靠外匯投資的收入就能養活的生活，我要在這裡告訴你：「專業交易員的生活不值得你嚮往」。

只用一點點時間，就能比專業交易員賺到更多錢，你不覺得這比專業交易員厲害多了嗎？畢竟我們投資外匯的目的，不是為了得到充實感，而是為了賺錢才對吧。

別忘了還要扣稅

本日的最後，我想來談談課稅的話題。

只要有獲利，就必須要課稅。而賺得愈多，就愈需要注意自己到底要繳多少稅額。

請不要覺得自己反正賺不了多少，大概課不到稅，應該從一開始就好好了解課稅的問題。

因為只要確實實踐「成功模式」進行外匯投資，各位遲早會遇到課稅的問題。

真由子 對啊對啊。誠司也是，如果不從現在就開始準備，明年的今天可能就會因為賺太多錢而開始煩惱喔。

真由子小姐的預言一定會實現的，所以基本的知識還是先學起來比較好喔（笑）。

誠司 是！

一般的上班族因為已經習慣從薪資預扣了，所以比較沒有機會認真面對課稅的問題。然而從事外匯投資的話，就必然得面對報稅這件事。

首先，依據現行的日本法律，課稅的對象可分為個人和法人。

個人的情況，所有投資所得的利益，皆須列入「雜項所得」。

如果同時有薪資所得，外匯投資的收入又超過20萬日圓，就必須報稅。還有，像家庭主婦等沒有薪資所得的人，若雜項所得超過38萬日圓，也同樣要報稅。

要注意年金也屬於雜項所得，所以若年金加上外匯投資的收入總計超過38萬日圓，就必須報稅[※26]。

稅率不分利益總額，一律是20．315％。其中包含所得稅15％、住民稅5％、復興特別所得稅0．315％（本書執筆期間）。

真由子 不分利益總額的意思，是說不管賺多少錢，都只要課20％嗎？

是的。因為不是累進稅率，所以賺得愈多就愈有利。

另外還有一點要注意的，那就是投資沒有獲利、而是虧損時的情況。發生虧損的時候，請一定要在報稅時提出。產生的損失最長可能可以扣抵三年。

例如今年賠了200萬，明年賺了100萬，只要有記得提報損失的部分，就可以抵銷今年和明年的獲利，不用課稅。

然而如果沒有提報損失的部分，整體算下來雖然賠的比賺的多，卻還是得繳納20萬的稅金。

誠司 所以一定要記得報稅呢！

然後還有必要開支的部分。

報稅的時候，外匯的投資所得可以先扣除必要開支再報。所以請務必記得保管好收據明細。

具體而言，必要開支包含以下費用。

○講座參加費（含旅費）

○購買書籍和付費電子報的費用

○電腦、網路等費用

○事務用品等

○**其他**

電腦和網路等費用的部分，不能全額扣抵，只能扣抵為了投資外匯交易而使用的部分。

此外，以下的開銷依情況也可視為必要開支。

○**房租**

○**電費**

○**電話費**

○**其他**

至於實際上到底有哪些項目可以扣抵，會因各地方的稅務署而異，所以請務必自行查閱。

接著是法人的情況。

如果每年的利益額大於一定程度，有時以法人身分報稅會有節稅的效果。

這是因為法人跟個人相比，可抵稅的必要開支項目多了很多。

此外，個人投資的損失額最多只能扣抵三年，但法人卻能扣抵九年。

然而並不是以法人報稅就一定比較有利。因為法人的稅率比個人的雜項所得稅率20・３１５％更高，還必須繳納員工薪資的所得稅、支付給稅理士的顧問費等固定開銷。

詳細的情況請詢問較熟悉外匯的稅理士事務所。由於很多稅理士對外匯投資法

人的節稅方法不太熟悉，建議各位在合作時要尋找有外匯相關知識的稅理士。

◆ 阿健小叮嚀 MEMO 26 ◆

○ 一定要記得報稅
○ 好好保管收據
○ 獲利較高時用法人身分報稅較有利

今日總結

❶ 停損的損失額是一種開銷。

❷ 低槓桿也能有充足的獲利。

❸ 只挑容易獲利的時候進場。

❹ 市場暴跌正是最好的獲利機會。

❺ 無論是盈是虧都一定要報稅。

1兆日圓的大志

2012年，我因為教員研習的工作前往沖繩時，經歷了一次特別的邂逅。在那裡，我結識了一位拋下了廣大的事業，改以投資維生的今村真一先生。

我們認識的第一天就臭味相投，之後每個禮拜都會用網路分享彼此的投資成果。然而，我們在分享時絲毫沒有提到具體的交易內容和市場觀。我們只會詢問對方兩個簡單的問題，然後互相回答。

那兩個問題，就是「本週你有做到自己想做的事嗎？」、「下個禮拜你打算做什麼？」。在這短暫的交流中，我們都發現彼此的收益有了很大的改善。

後來，又有新的夥伴加入了我們，幾個人組成了「外匯投資互助支援社團」。那就是後來改名為ESG（Eagle Success Group），活動範圍遍及北海道至沖繩的互助支援活動的起點。

我們在廣島辦了第一次的合宿，從1億聊到100億，從100億聊到1兆。

「想要1億日圓是欲望」。

如果只是想買間自己的房子，過上稍微奢侈一點的生活，讓小孩去上比較好的學校，只要1億日圓就能滿足這個願望。

而1億日圓也是個只要有欲望就能達到的目標。

「想要100億日圓是野心」。

只是滿足欲望的話，並不需要100億元。

想要事業成功、想變得出名、想讓世人欽佩自己、想貢獻這個社會。這些則是野心。

只要抱持想成功的強烈想法，賺到100億日圓或許是有可能的。

「想要1兆日圓是大志」。

而1兆日圓這個金額，則完全超出了想過上奢華的生活、事業成功的等級。是一個人一輩子也用不完的財富。

以「想改善生活」、「想買喜歡的東西」這種欲望和野心為動機，是不可能到達那個目標的。因為，這已經是「志」的領域。

出於欲望去賺1億日圓太小家子氣；出於野心去賺100億日圓也太無聊了。我們是真的想賺到1兆日圓。我認為在不遠的將來，ESG之中一定會出現擁有如此大志的人們。

第7天

Day 7

模擬交易練習

成功模式練習集

一起練習「Mission 001」

請在圖表上找出「成功模式『Mission 001』」的進場點，用鉛筆圈起來。

請各位當成找找看兩張圖不同處的遊戲，用輕鬆的心情遊玩即可。尋找「成功模式」就跟「認長相」很像。如果在圖中發現「啊，這是Mission 001的臉！」、「是Mission 001的形狀！」的話，就在上面畫圈。

這個練習的目的，在於加深對成功模式「Mission 001」線形的印象。

無論是月線、週線、日線、4小時線……用哪種線圖都一樣。也跟用什麼貨幣對沒有關係。

不論是何種週期的K線、哪種貨幣對，都同樣可以用「成功模式」判斷。已經忘記Mission 001的圖形（Pattern）長什麼樣的人，請翻回222頁到256頁複習。

只要記住這個圖形，距離獲利就只有一步之遙了！

那麼，就讓我們開始吧。

一路認真讀到這裡的讀者，應該一下就能做完才對。

請務必多練習幾次。如此一來便可加深記憶，即使在無意識的狀態下也能自然地認出成功模式的圖形。

能做到這一步，剩下的就簡單了。無論什麼時候都能自由自在地、只在獲利可能性高的時候進場交易。

注意部分題目的圖表中可能會出現不只一次的成功模式。

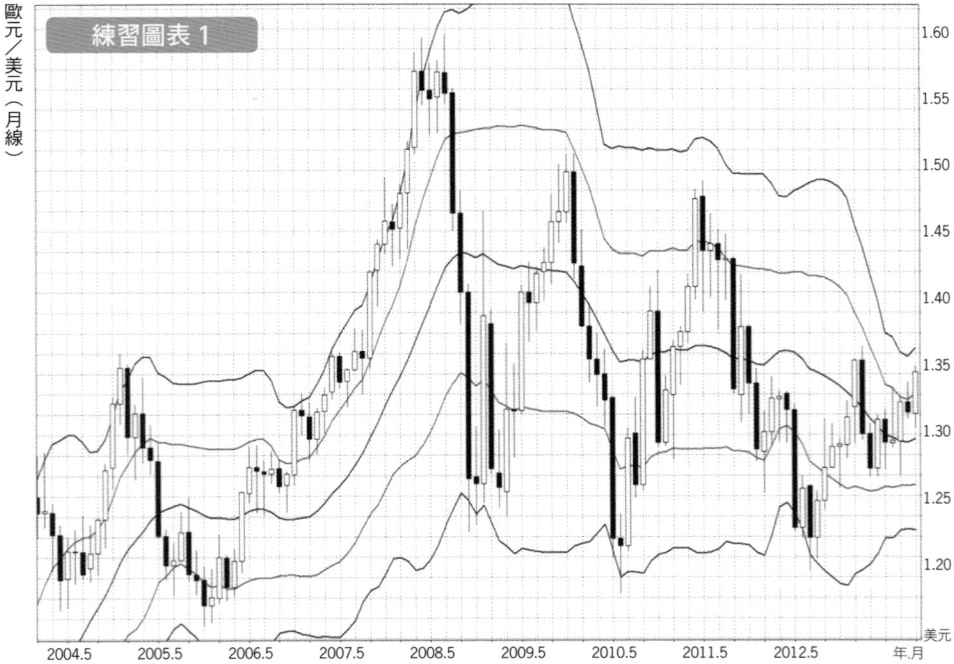
歐元／美元（月線）
練習圖表 1
1.60
1.55
1.50
1.45
1.40
1.35
1.30
1.25
1.20
美元
2004.5
2005.5
2006.5
2007.5
2008.5
2009.5
2010.5
2011.5
2012.5
年.月

歐元／美元（週線）
練習圖表 2
1.41
1.38
1.35
1.32
1.29
1.26
1.23
1.20
1.17
1.14
1.11
1.08
1.05
美元
2013.5
2013.8
2013.10
2014.2
2014.2
2014.4
2014.7
2014.10
2015.2
2015.5
2015.7
年.月

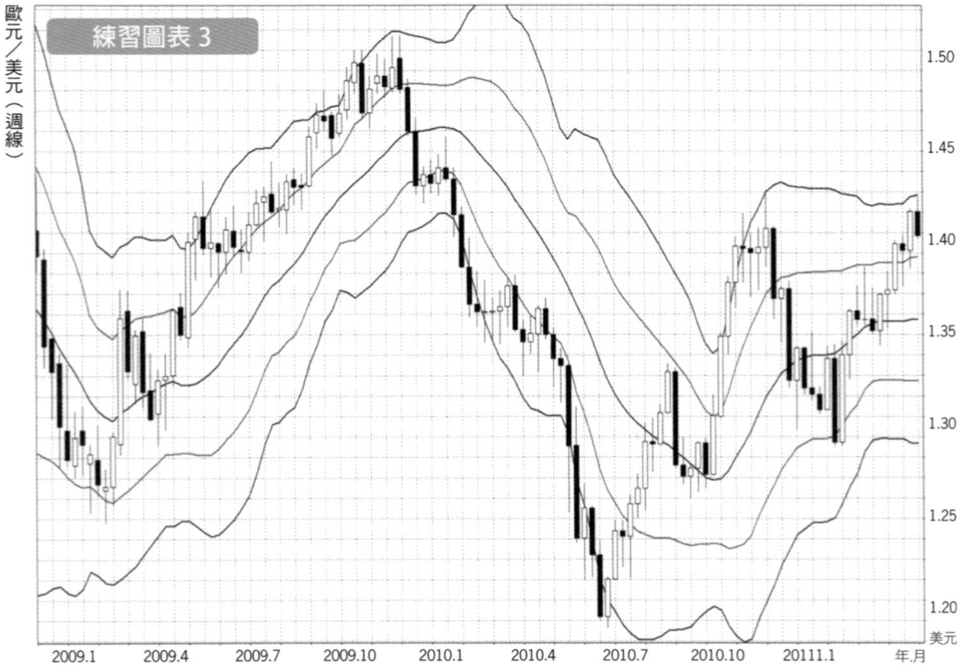
練習圖表 3
歐元／美元（週線）
1.50
1.45
1.40
1.35
1.30
1.25
1.20
美元
2009.1
2009.4
2009.7
2009.10
2010.1
2010.4
2010.7
2010.10
20111.1
年.月

歐元／美元（週線）

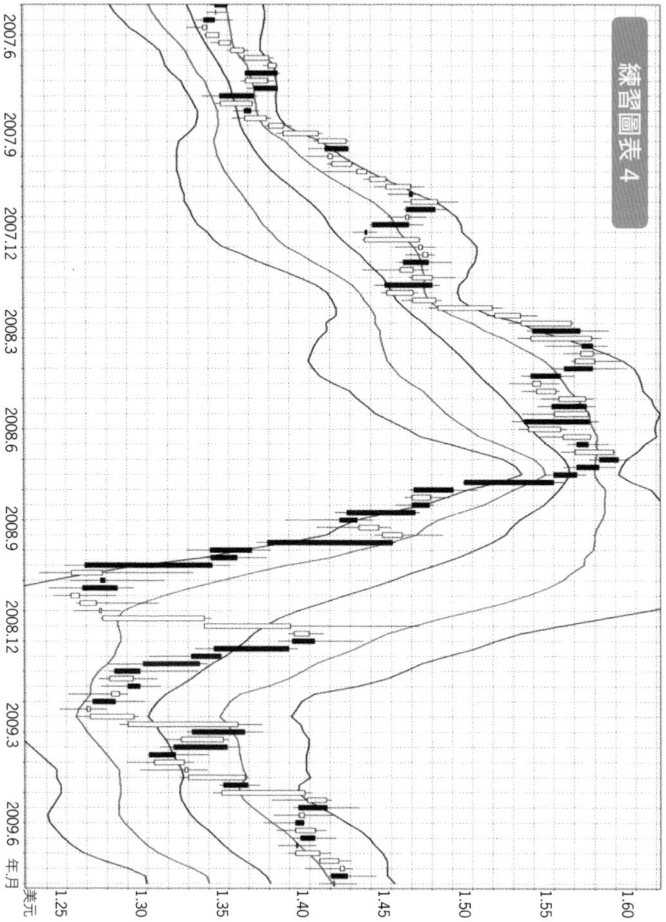

練習圖表 4
2007.6
2007.9
2007.12
2008.3
2008.6
2008.9
2008.12
2009.3
2009.6
年.月
美元
1.25
1.30
1.35
1.40
1.45
1.50
1.55
1.60

歐元／美元（日線）

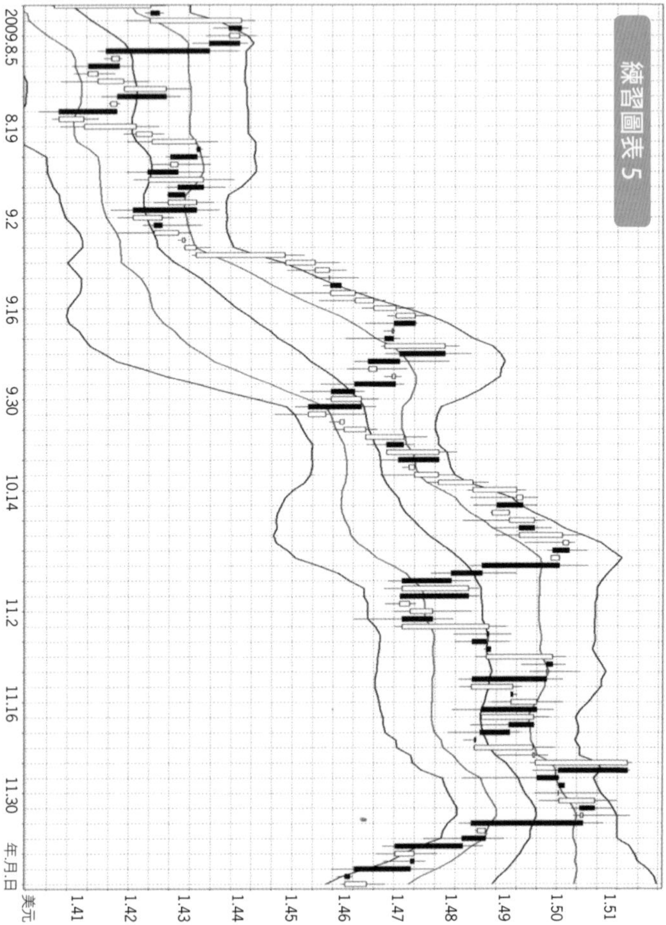

練習圖表 5
2009.8.5
8.19
9.2
9.16
9.30
10.14
11.2
11.16
11.30
年.月.日
1.41
1.42
1.43
1.44
1.45
1.46
1.47
1.48
1.49
1.50
1.51
美元

練習圖表 6

歐元／美元（日線）
練習圖表 6
1.50
1.48
1.46
1.44
1.42
1.40
1.38
1.36
1.34
美元
2009.10.23
11.6
11.25
12.9
12.23
2010.1.8
1.22
2.5
2.19
年.月.日

練習圖表 7
歐元／美元（日線）
1.40
1.37
1.34
1.31
1.28
1.25
1.22
1.19
美元
2010.5.31
6.14
6.28
7.12
7.26
8.9
8.18
9.1
9.15
9.29
年.月.日

歐元／美元（日線）
練習圖表 8
1.42
1.40
1.38
1.36
1.34
1.32
1.30
1.28
1.26
美元
2010.7.23
8.6
8.20
9.3
9.13
9.27
10.11
10.25
11.8
11.22
年.月.日

練習圖表 1
歐元／美元（月線）
1.60
1.55
1.50
1.45
1.40
1.35
1.30
1.25
1.20
美元
2004.5
2005.5
2006.5
2007.5
2008.5
2009.5
2010.5
2011.5
2012.5
年.月

○ 遊走的K線數量不好計算，但一共超過16條。

○ 隨後收盤價便跌至+1σ之下。

○ 因為出現暴跌，收盤價一口氣跌至中線之下跟-2σ，故可直接止盈。獲利豐碩。

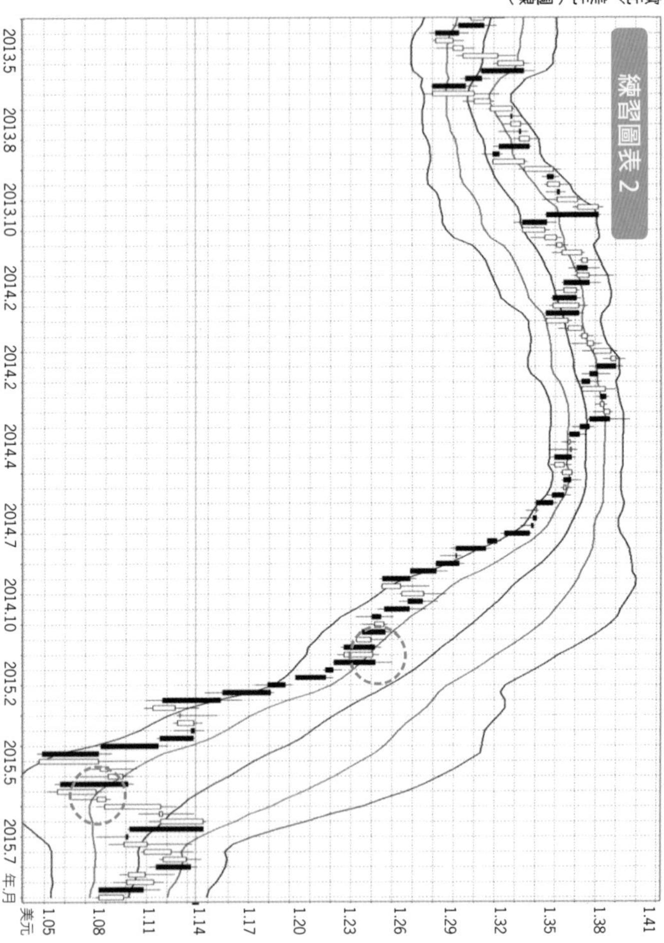

歐元／美元（週線）
練習圖表 2
2013.5
2013.8
2013.10
2014.2
2014.2
2014.4
2014.7
2014.10
2015.2
2015.5
2015.7
年.月
1.05
1.08
1.11
1.14
1.17
1.20
1.23
1.26
1.29
1.32
1.35
1.38
1.41
美元

○圖中一共出現了兩次「Mission ００１」。

○第1次的「Mission ００１」以止損收場。

○第2次的「Mission ００１」則是在18根K線遊走後，收盤價向上升破-1 σ。

○分別在中軌和+1 σ 止盈後，於移動至原始買價上的停損點平倉，以獲利作結。

歐元／美元（週線）

練習圖表 3
1.50
1.45
1.40
1.35
1.30
1.25
1.20
美元
2009.1
2009.4
2009.7
2009.10
2010.1
2010.4
2010.7
2010.10
20111.1
年.月

○ 圖中一共出現3次「Mission 001」。第1次為賣出，第2次和第3次買進。

○ 第1次的「Mission 001」在20條K線遊走後，收盤價向下跌破+1σ。

○ 因價格最終到達-2σ的目標價，故成功在中軌、-1σ、-2σ完成了三階段止盈。

○ 第一次止盈時，記得要將停損點移動至原始賣價之下，迴避虧損的風險。

○ 第2次「Mission 001」以止損作結。

○ 第3次「Mission 001」則是在11根K線遊走後，收盤價向上升破-1σ。

○ 因價格最終到達+2σ的目標價，故成功在中軌、+1σ、+2σ完成了三階段止盈。

歐元／美元（週線）

練習圖表 4
1.60
1.55
1.50
1.45
1.40
1.35
1.30
1.25
美元
2007.6
2007.9
2007.12
2008.3
2008.6
2008.9
2008.12
2009.3
2009.6
年.月

○ 圖中共出現了3次「Mission 001」。第1次和第2次為賣出，第3次為買進。

○ 第1次和第2次的「Mission 001」以止損收尾。

○ 第3次的「Mission 001」在17根K線遊走後，收盤價向上升破-1σ。

○ 雖然價格最終到達+2σ的目標價，但因中途發生劇烈震盪，故分別在中軌和+1σ止盈後，直接於移動至買價上的停損點止損，以獲利作結。

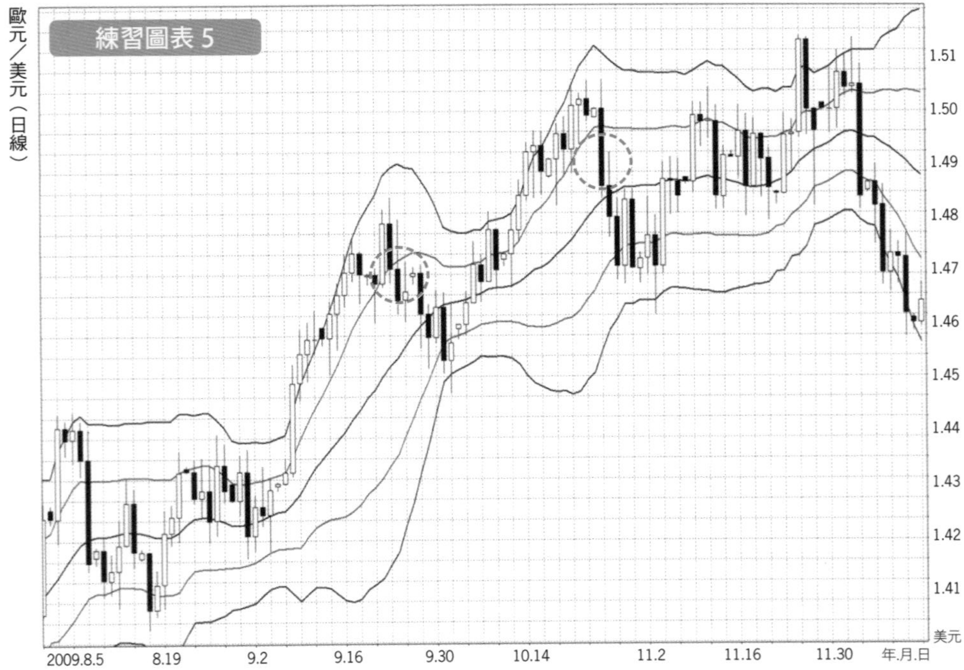
歐元／美元（日線）
練習圖表 5
1.51
1.50
1.49
1.48
1.47
1.46
1.45
1.44
1.43
1.42
1.41
美元
2009.8.5
8.19
9.2
9.16
9.30
10.14
11.2
11.16
11.30
年.月.日

○ 圖中一共出現2次「Mission ００１」。

○ 第1次的「Mission ００１」在12條K線遊走後，收盤價向下跌破+1σ。

○ 因價格最終到達-2σ的目標價，故成功在中軌、-1σ、-2σ完成三階段止盈。

○ 第一次止盈的時候，別忘記將停損點移動到原始賣價之下，迴避虧損風險。

○ 第2次的「Mission ００１」在11條K線遊走後，收盤價向下跌破+1σ。

○ 本次也順利到達-2σ的目標價，故成功在中軌、-1σ、-2σ完成了三階段止盈。

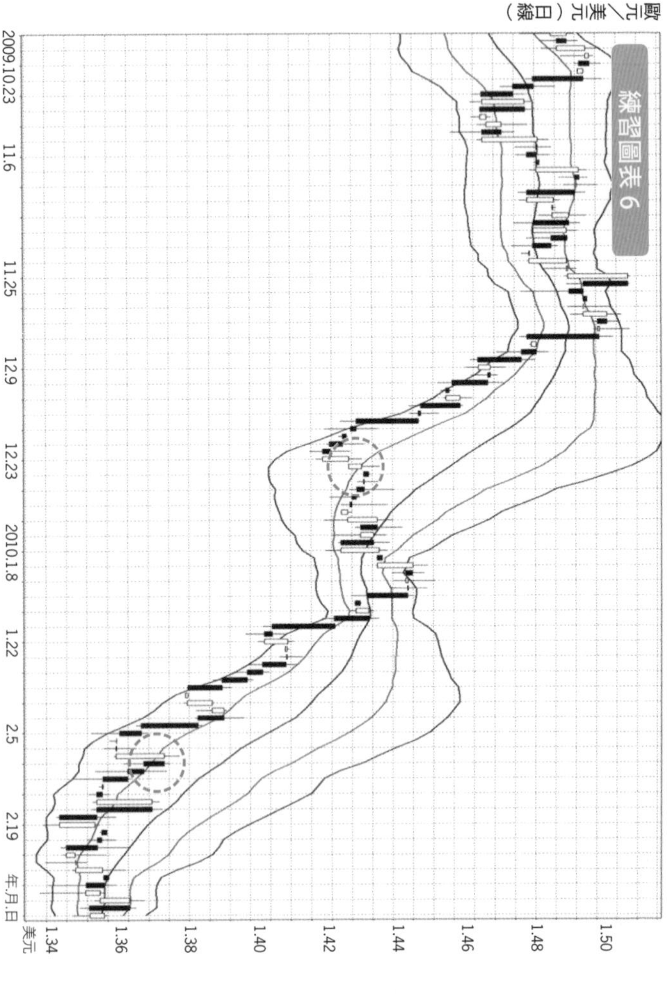
練習圖表 6
歐元／美元（日線）
2009.10.23
11.6
11.25
12.9
12.23
2010.1.8
1.22
2.5
2.19
年.月.日
1.50
1.48
1.46
1.44
1.42
1.40
1.38
1.36
1.34
美元

○圖中共出現2次「Mission 001」。
○第1次在14條K線遊走後，第2次則在17條K線遊走後，收盤價分別升破-1σ。
○第1次最終到達+2σ的目標價，故成功在中軌、+1σ、+2σ完成了三階段止盈。
○第2次以止損收場。

練習圖表 7
歐元／美元（日線）
1.40
1.37
1.34
1.31
1.28
1.25
1.22
1.19
美元
2010.5.31
6.14
6.28
7.12
7.26
8.9
8.18
9.1
9.15
9.29
年.月.日

○16根K線遊走後，收盤價向下跌破+1σ。

○隨後價格一口氣跌至-1σ。由於此處已經先止盈了一部分，故將停損點移動至原始賣價下。

○最後成功賺得巨大利益。

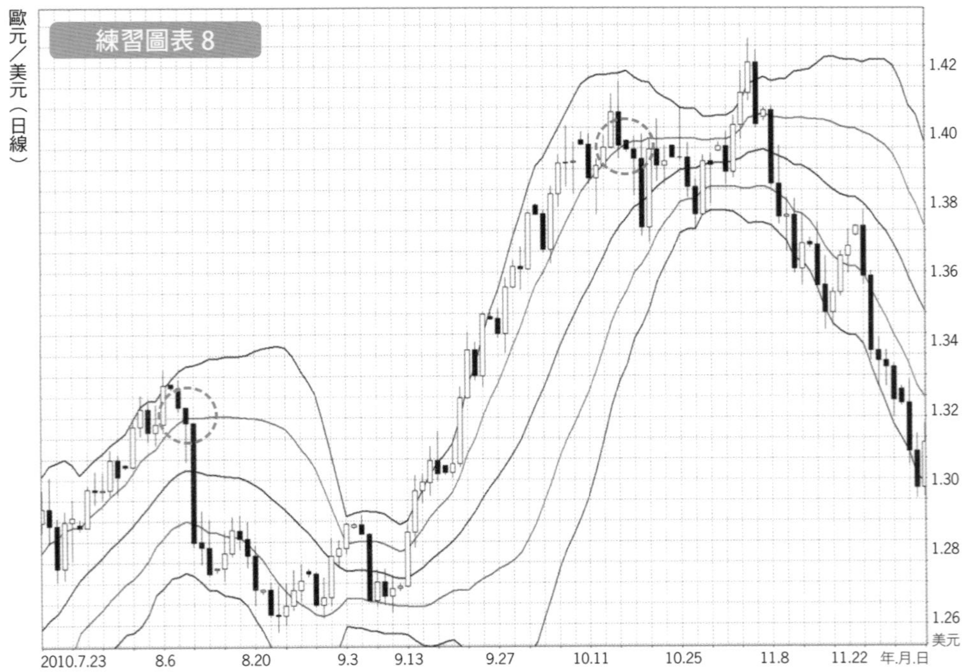
歐元／美元（日線）
練習圖表 8
1.42
1.40
1.38
1.36
1.34
1.32
1.30
1.28
1.26
美元
2010.7.23
8.6
8.20
9.3
9.13
9.27
10.11
10.25
11.8
11.22
年.月.日

○ 圖中共出現2次「Mission 001」。

○ 第1次在13條K線遊走後，第2次則在28條K線遊走後，收盤價分別跌破+1σ。

○ 第1次價格來到-2σ的目標價附近，因為市場於一天內暴跌，故順利在短時間內獲得暴利。

○ 第2次也成功到達-2σ的目標價，但因中途發生劇烈震盪，故先在-1σ處止盈後，最後於移動至原始賣價下的停損點止損，以獲利作結。

結語

感謝您耐心讀完本書。

相信陪我一起讀到這裡的讀者，都已經意識到外匯交易其實不只是一種投資理財的手段。

透過外匯投資，我們可以學習到累積財富的哲學，以及這世界和國際經濟運作的原理，並拓展我們的國際觀。說得簡單點，就是能變得更聰明、變得更堅強。此外，也更懂得如何管理自己賺到的錢。

請不要小看了外匯保證金交易。

外匯保證金交易，將照亮我們和下一代孩子們的未來，為社會和國家帶來衝擊。

本書是為完全沒有外匯保證金交易知識的初學者而設計的。

當然，靠自己的力量踏進第8天的階段也是有可能的，但我想讀者中應該有不少人還想在實踐之前學習更多知識。

對於這一類的讀者，本人主持的外匯投資網路學校「FX MISSION ZERO」有提供各位一個月的免費課程（此為日本網站內容）。

〔內容〕

- 「10種成功模式」學習課程（電子報、討論區、教學影片）
- 投資資訊和成功模式的出現提醒（討論區每日更新）
- 公開閱覽本人的實時操作範例（可透過電子報隨時觀看）

http://www.fire-bull.info/fxmz/book

若各位都能從本書體會到「成功模式」的精妙之處，將是我的榮幸。

最後，我想感謝這一年多來一直耐心幫助我的編輯安在美佐緒小姐，以及在企畫階段提供了許多有用建言的石徹白未亞小姐。沒有這兩位的存在，本書就不可能出版。我由衷感謝兩位的幫忙。

2017年　6月吉日　鹿子木健

鹿子木　健（Ken Kanakogi）
株式會社Kanakogi Ken董事長
特定非營利活動法人教育政策實驗室主持人
（為國家、自治體、教育相關機構提供支援和政策建議）

1974年生於熊本縣。延邊大學文學院比較語言學科（中國）畢業。曾在中國待過12年。2004年原於延邊大學科學技術學院教養學部擔任教職，後被挖角至美資的補習班，改善赤字經營的情況。2008年就任美資企業的西中國法人董事長。在這段期間學會了如何判讀世界投機資金的流動。
是少數除了自己靠外匯交易賺錢，還懂得開發手法和指導他人的投資家。
發明了只使用布林通道的「10種成功模式」，幫助眾多初學者到老手踏上成功之路。一天只花30分鐘就能比專業交易員賺得更多，提倡除了財務要自由外，操盤也要自由，也就是將每天的交易時間降到零。以永續增加客戶的財富、傳授真實的智慧、以及培育助人致富的人才為使命。
http://kanakogiken.com

日文版工作人員
內文設計　高橋克治（eats & crafts）
插圖　白井 匠（白井圖畫室）
編輯　安在美佐緒
協力編輯　柳谷杞一郎
協力　伊藤彰洋（資金管理）
石徹白未亞

日本FX專家的7天外匯交易課
初學者也能年獲利20～30%

2018年4月1日初版第一刷發行
2022年4月1日初版第六刷發行

作　　者　鹿子木 健
譯　　者　陳識中
編　　輯　邱千容
特約美編　鄭佳容
發 行 人　南部裕
發 行 所　台灣東販股份有限公司
＜地址＞台北市南京東路4段130號2F-1
＜電話＞(02)2577-8878
＜傳真＞(02)2577-8896
＜網址＞http://www.tohan.com.tw
郵撥帳號　1405049-4
法律顧問　蕭雄淋律師
總 經 銷　聯合發行股份有限公司
＜電話＞(02)2917-8022

國家圖書館出版品預行編目資料

日本FX專家的7天外匯交易課：初學者也能年獲利20～30% / 鹿子木健著；陳識中譯. -- 初版. -- 臺北市：臺灣東販, 2018.04
366面；12.8×18.8公分
譯自：なぜ鹿子木式は銀行預金より安全で不動産投資より稼ぐのか?
ISBN 978-986-475-617-9(平裝)

1.外匯交易 2.外匯投資 3.投資技術

563.23　　107002399